ALBERT GRIESMEIER

Dettingen – Wallhausen

Stadt Konstanz

Von der Dorfgemeinde zum Stadtteil

1945 - 2005

Ein Beitrag zur Dorfgeschichte (III)

Hartung-Gorre Verlag
Konstanz-Dettingen

Auf dem Umschlag: Reproduktion zweier Postkarten, zur Verfügung gestellt vom Verein Tourismus Konstanz plus

Bibliografische Information Der Deutschen Bibliothek
Die Deutsche Bibliothek verzeichnet diese Publikation in der Deutschen Nationalbibliografie; detaillierte bibliografische Daten sind im Internet über <http://dnb.dnb.de> abrufbar.

Umschlaggestaltung: Marina Mollenhauer

Erste Auflage 2009, **2. Auflage 2023**

HARTUNG-GORRE VERLAG
Konstanz-Dettingen

ISBN 3-86628-287-7 und 978-3-86628-287-2

Danksagung:

Besonderer Dank gilt...

... Marina Mollenhauer für die digitale Bearbeitung des Manuskriptes und die Buchgestaltung

... dem Südkurier Medienhaus für die Gestattung der Verwendung von Text- und Bildmaterial

... den privaten Leihgebern der Bildmaterialien, insbesondere Sieglinde Gloger für die Überlassung der „Helmut Gloger – Sammlung“

... Herrn Kuthe vom Stadtarchiv Konstanz und Herrn Girres vom Kreisarchiv Konstanz

... der Stadtverwaltung Konstanz

... der Ortsverwaltung Dettingen- Wallhausen

INHALTSVERZEICHNIS

Vorwort

Anknüpfend an die in den Jahren 2006 und 2007 als Beiträge zur Dorfgeschichte von Dettingen-Wallhausen erschienenen Bände I und II soll nun anschließend und abschließend in Band III der Versuch gemacht werden, den Zeitabschnitt von der unmittelbaren Nachkriegszeit bis in die Gegenwart „nachzuzeichnen“.
Das Jahr 1945 mit dem Ende des 2.Weltkrieges am 8. Mai, brachte auch das Ende der nationalsozialistischen Herrschaft. Unser Dorf wurde von direkten Kriegseinwirkungen nahezu verschont.
Bei den Kampfhandlungen am 26.April 1945 zwischen deutschen und französischen Truppen brannte ein Gebäude ab und zwei Einwohner wurden verwundet.
Aber die 45 im Kriege an den verschiedenen Fronten gefallenen oder vermissten Bürger - der jüngste war noch keine 18 Jahre alt- waren schmerzliche Verluste für die Angehörigen und für das Dorf.
Die politischen Nachwirkungen in der Gemeinde waren verhältnismäßig gering.
Im Dorf gab es in der Zeit des Nationalsozialismus keine besonders profilierten Vertreter des politischen Systems.
Bürgermeister und Schulleiter, beide „kraft Amtes“ in das System integriert, übten ihre Ämter mit „Augenmaß“ aus.
Natürlich verloren beide mit dem Zusammenbruch des politischen Systems ihre Ämter. Aber schon im Jahre 1948 wurde der Bürgermeister –Jahrgang 1890- von 90% der dörflichen Bevölkerung wiedergewählt.
Der Schulleiter -Jahrgang 1883- durfte nicht mehr in sein Amt zurückkehren.

Die wirtschaftlichen Nachwirkungen des Krieges waren in der noch Jahre anhaltenden Mangelwirtschaft überall zu spüren.
Erst nach der Währungsreform im Juni 1948 besserten sich langsam die Verhältnisse.
Das “Wirtschaftswunder“ nahm in der jungen Bundesrepublik seinen Anfang.
Auch Dettingen-Wallhausen entwickelte sich dabei gut.
So gut, dass im Laufe der Jahre die vornehme, geschichtsträchtige Stadt Konstanz beide Augen auf die attraktive Gemeinde in ihrer Nachbarschaft warf und nicht eher ruhte, bis Dettingen-Wallhausen im Jahre 1975 ein Teil dieser Stadt wurde!

Für die Darstellung der Entwicklung der Gemeinde in dem angegebenen Zeitraum wurde im Gegensatz zu den Bänden I (1833- 1888) und II (1889-1945) eine überwiegend chronologische Form gewählt.
Denn bis zum Ende des 2.Weltkrieges war das Dorf im Prinzip eine „geschlossene Gesellschaft“. Die „Bausteine“ dieser Gesellschaft waren überschaubar und relativ einfach beschreibbar.
In den hier dargestellten 60 Jahren von 1945 bis 2005 veränderte sich das Dorf ganz erheblich. Die großen gesellschaftlichen, wirtschaftlichen,

technischen und nicht zuletzt auch kommunalpolitischen Veränderungen verliefen natürlich parallel zueinander.
Eine durchgehend thematische Darstellung der Dorfentwicklung in der gewählten Zeitspanne würde dadurch wenig übersichtlich.

Anmerkung:
Informationsquellen sind vorwiegend Auszüge aus Beiträgen des wöchentlich erscheinenden Gemeindeanzeiger (GA) und aus der Berichterstattung unserer Tageszeitung, des „Südkurier“ (SK) und der Wochenzeitung „Konstanzer Anzeiger“.
Die neuen Rechtschreibregeln sind bei der Wiedergabe der Beiträge durchgängig angewandt.

Konstanz-Dettingen, im Herbst 2009
Albert Griesmeier

1945 - 1950

Schwierige Nachkriegsjahre

In den ersten vier Jahrzehnten des 20. Jahrhunderts gab es keine wesentlichen Veränderungen in den dörflichen Strukturen von Dettingen-Wallhausen; abgesehen vom Bau der Haus-Wasserversorgung im Jahre 1902 und der Versorgung mit Elektrizität im Jahr 1921.
Das Leben der etwas über 800, fast ausschließlich katholischen Einwohner, war geprägt vom kleinbäuerlichen Erwerbsleben.
Die etwas über 100 landwirtschaftlichen Betriebe hatten eine durchschnittliche Betriebsgröße von nur 4 ha. Sie wurden fast ausschließlich im Nebenerwerb betrieben.
In Wallhausen gab es mehrere Fischer, davon einige Berufsfischer.
Das Sägewerk Lachner in Wallhausen bot ebenfalls einige Arbeitsplätze.

Für die Versorgung der Einwohner mit nicht-landwirtschaftlichen Erzeugnissen gab es den Kaufladen Urban Okle und die Bäckerei Hamm.
Für die Bildung der Dorfkinder gab es wie eh und je die Volksschule.

Die durchschnittlich 100 Schüler wurden in 4 Klassen von 2 Lehrern in 2 Klassenzimmern unterrichtet.
Der Besuch einer höheren Schule war wegen den praktisch nicht vorhandenen Verkehrsverbindungen nach Konstanz fast unmöglich.
Außerdem wurden die Kinder als Arbeitskräfte in der Landwirtschaft dringend benötigt.

Für die Gesundheitsversorgung besuchten 2 Ärzte aus Wollmatingen zweimal in der Woche die Gemeinde.

Das Kriegsende im Jahre 1945 bedeutete wie überall nicht das Ende des Mangels an lebensnotwendigen Gütern. Deren Rationalisierung durch ein Kartensystem wurde nach Kriegsende nahtlos weitergeführt.
Erst nach der Währungsreform im Jahre 1948 wurde das Kartensystem allmählich überflüssig; etwa ab dem Jahre 1952 entsprach das Warenangebot voll den Bedürfnissen der Bevölkerung.

Der Gemeindeanzeiger informiert:

GA 5.1.1946

Restlose Milchablieferung an die Milchsammelstelle betr.

Nach einem bei uns eingegangenen Schreiben der Aufsichtsbehörde haben wir strengstens und mit allen Mitteln auf eine höhere Milchablieferung einzuwirken. Da wir uns in den Wintermonaten in einer schweren Ernährungskrise befinden, hat jeder Landwirt seine ganze, für seinen Haushalt nicht benötigte Milch der Sammelstelle zuzuführen, damit die hungernde Zivilbevölkerung in den Städten wenigstens die allernotwendigste Milchnahrung erhält.
Ich erwarte, dass jeder seine Pflicht und Schuldigkeit tut und nicht nur an sich selbst, sondern auch an seine hungernden Mitmenschen, kranken Kindern und alten Leuten in den Städten denkt.
Der Bürgermeister

~

GA 12.1.1946

Kausalien der Gemeinde betreffend.
Im verflossenen Jahr 1945 haben 14 junge Erdenbürger das Licht der Welt erblickt.
Den Bund des Lebens schlossen drei Paare.
Ihre irdische Laufbahn haben vollendet 10 hiesige Einwohner.
Gefallenenmeldungen vermisster hiesiger Bürgersöhne trafen 2 ein, während ein weiterer in russischer Gefangenschaft sein junges Leben opfern musste.
Allen Dahingeschiedenen schenke der Herrgott den ewigen Frieden.
Der Bürgermeister

~

GA 12.1.1946

Spenden für Gefangenenlager betr.
Allen Ortseinwohnern, die über Weihnachten und Neujahr sich auf irgend eine Art und Weise für unsere Gefangenen einsetzten, sei es durch Spende von Lebensmittel oder durch Überlassung von Material zur Herstellung von Hausschuhen; der Gewährung eines

Freiplatzes am ersten Weihnachtsfeiertag, sowie auch allen Landwirten, die laufend für unsere lieben Gefangenen Lebensmittel und Gemüse übrig haben, spreche ich im Namen aller Gefangenen ein von Herzen kommendes Vergeltsgott aus.
Der Bürgermeister

Anmerkung:
Südbaden war Teil der französischen Besatzungszone. In Konstanz befand sich ein großes französisches Gefangenenlager für deutsche Kriegsgefangene.
Da Frankreich - obwohl Siegermacht des 2.Weltkrieges - auch sehr arm war, wurden die Kriegsgefangenen sehr schlecht versorgt.

~

GA 12.1.1946

Wohnungsmangel in unserer Gemeinde betr.
Um den immer größer werdenden Wohnraumbedarf in etwa gerecht zu werden, sehe ich mich veranlasst, dringend auf die Instandsetzung und Renovierung aller entbehrlichen und freizumachenden Räume hinzuweisen und im Interesse der vielen Obdachlosen zu bitten.
Der Bürgermeister

Anmerkung:
Der Krieg hat auch in Deutschland Millionen Menschen obdachlos und zu Flüchtlingen gemacht. Sie mussten in von materiellen Kriegsschäden nicht, oder weniger betroffenen Gebieten untergebracht werden.

~

GA 19.1. 1946

Gemüsesamen betr.
Zum Frühjahr 1946 sieht es damit noch ungewiss aus. Ich bemühe mich jedoch seit dem Herbst darum und werde hoffentlich schon im Februar eine erste Verteilung durchführen können.
Urban Okle

Stromeinschränkungsmaßnahmen betr.

Im Auftrag der französischen Militärregierung haben wir hinsichtlich der Einschränkungen im Stromverbrauch folgendes bekannt zu machen:
Der Verbrauch von elektrischer Energie im Haushalt:
2-3 Personen 19 KWh, 4-5 Personen 22 KWh, 6-7 Personen 25KWh, 8-10 Personen 29KWh
Für jede mehr verbrauchte Kilowattstunde wird eine Strafe von 10.-RM verhängt.
Wenn der zugelassene Verbrauch mehr als 10% übersteigt, wird der Strom gesperrt.
Der Bürgermeister

Volkszählung betr.
Am 26.Januar 1946 findet in der franz. Besatzungszone in Deutschland eine allgemeine Volks- und Berufszählung statt.
Alles Nähere ist im Südkurier, Ausgabe 22. Januar 1946 ersichtlich.
Der Bürgermeister

Anmerkung:
Der „Südkurier" erschien erstmals am 8.September 1945; anfänglich nur eine Ausgabe pro Woche; später zwei und dann auch mehr Ausgaben pro Woche. Erst ab November 1953 erschien der Südkurier dann täglich werktags.

~

GA 3.2.1946

Holzhauerei betr.
Nach einer vom Forstamt Konstanz uns zugegangenen Mitteilung haben sich alle in der Gemeinde hinzugekommenen Arbeitskräfte für den Einsatz als Holzhauer zur Verfügung zu stellen. Dies gilt auch für die zurückgekehrten Kriegsgefangenen.

Lebensmittelkarten-Ausgabe betr.
Die Lebensmittelkarten für die 10.Zuteilungsperiode werden heute Samstagnachmittag und morgen Sonntagvormittag auf dem Rathaus ausgegeben.
Während der Kartenausgabe werden auch die Eier-Ablieferungsnachweise an die Hühnerhalter ausgegeben.

Evakuiertenmeldung betr.

Zwecks Erfassung der im Kreis ansässigen deutschen Evakuierten haben sich alle während der Kriegsereignisse nach hier Umquartierten auf dem Rathaus während der Kartenausgabe zu melden.
Der Bürgermeister

~

GA 9.2.1946

Elternversammlung betr.
Der Unterricht an hiesiger Volksschule wurde, wenn auch vorerst verkürzt, mit allen schulpflichtigen Kindern wieder aufgenommen.
Die durch den langen Schulausfall entstandenen Lücken im Wissen und Können der Schüler sind groß. Es bedarf der engsten Zusammenarbeit zwischen Elternhaus und Schule, um das nachzuholen, was versäumt wurde.
Die Eltern der Schüler werden daher zu einer Besprechung der wichtigsten Fragen am 10.2.46 nachmittags 3 Uhr ins Schulhaus eingeladen. Sie werden gebeten, im Interesse ihrer Kinder dieser Einladung Folge zu leisten.
Örtl. Schulamt. Brodmann, Hauptlehrer

Anmerkung:
Von Mai 1945 bis Februar 1946 fiel jeglicher Schulunterricht aus.

~

GA 23.2.1946

Sicherstellung von eingespartem Kartoffelsaatgut betr.
Das Landwirtschaftsamt Radolfzell verlangt im Auftrag der Militärregierung, dass der Saatgutbedarf pro Hektar von 25 auf 18 Doppelzentner herunter gesetzt werden müsse.
Das hierdurch freiwerdende Saatgut muss als Speisekartoffeln bereitgestellt werden.
Bgm.

~

GA 16.3.1946

Volksbücherei betr.
Alle hiesigen Einwohner, welche sich von unserer Bücherei Bücher geliehen haben, werden ersucht, diese im Laufe des heutigen Abends auf dem Rathaus zwecks Prüfung vorzulegen.
Nicht anstößige Bücher können dann gleich wieder mitgenommen werden.
Also bitte nicht vergessen, das ist sehr wichtig.
Der Bürgermeister.

Anmerkung:
Anstößig im genannten Sinn waren Texte mit nationalsozialistischem Gedankengut und entsprechenden Emblemen und Abbildungen.

~

GA 19.3.1946

Schuhreparaturscheine betr.
Die Schuhreparaturscheine für Männer sind eingetroffen und werden morgen Sonntag ausgegeben.
Bgm.

~

GA 23.3.1946

Rückführung der Evakuierten betr.
Alle Evakuierten, die während der Kriegsjahre nach Dettingen-Wallhausen kamen, werden ersucht, sich am Dienstag, den 26.3.46 auf dem Rathaus einzufinden zwecks wichtiger Besprechung.
Bgm.

~

GA 6.4.1946

Schlachtviehablieferung betr.

Da wir nun laufend unsere Schlachtviehauflage zu erfüllen haben, gleichgültig, ob überhaupt Schlachtvieh vorhanden ist oder nicht, muss ich die Landwirte doch herzlich bitten, hierfür endlich das notwendige Verständnis aufzubringen.
Mit dem alten, schon zum Überdruss gehörten, gehässigen Schlagwort „Geht zu den Pg,bei denen müsst ihr alles holen, die sind schuld an allem" usw., wollen wir doch endlich Schluss machen.
Der Bürgermeister

Anmerkung:
Pg. = Frühere Parteigenossen der von Januar 1933 bis Mai 1945 herrschenden Nationalsozialisten

~

GA 13.4.1946

Anbausoll 1945/46 betr.
Ich bitte die Landwirte dringend, doch ihrerseits alles nur Menschenmögliche zu tun, um dem Anbausoll einigermaßen nachkommen zu können. Sonst stehen wir im Herbst vor ungeheueren Abgaben und können sie nicht erfüllen.
Ein weiteres Stänkern und haltloses Kritisieren ist nicht am Platz, sondern tatkräftiges Arbeiten mit dem ehrlichen Willen und Bestreben, einen Anteil zur Ernährung unseres Volkes getreulich zu erfüllen.
Der Bürgermeister

Näh-und Stopfgarn betr.
Auf jeden Kopf der Bevölkerung soll es eine Halbjahreszuteilung für 0,30 RM geben.
Urban Okle

Anmerkung:
RM = Reichsmark; 0,30 RM entsprechen 30 Reichspfennig

~

GA 4.5.1946

Kartoffelablieferungssoll der Kartoffelanbauer betr.

Dettingen soll 137 Doppelzentner abliefern, die Landwirte können jedoch nur 25 Doppelzentner liefern. Sie werden nochmals aufgerufen, ihrer Ablieferungspflicht nachzukommen.
Säumige Ablieferer haben mit Kellerbesichtigung zu rechnen.
Der Bürgermeister

~

GA 14.5.1946

Gemüsesamen betr.
Durch das Landwirtschaftsamt Radolfzell wurde mir verschiedenes Saatgut, darunter Erbsen und Buschbohnen überwiesen.
Ich gebe solches ab, entsprechend der Anbaufläche von 200 bis 500 gr. an die Erwerbsgemüsebauern.

Geschirrverteilung Haushalt und Garten betr.
Feldgeräte können nur gegen Quittung verkauft werden.
Wer jetzt also Rechen und Worb (Anmerk.: Gerät zur Befestigung der Sense) erhält, kann auf die Ernte kein Anspruch auf Sense, Sichel und dergleichen machen.
Urban Okle

~

GA 18.5.1946

Sammlung für das Kriegsgefangenenlager Rheinlager Konstanz betr.
Von der Lagerführung des obigen Lagers wurde ich gestern persönlich gebeten, in hiesiger Gemeinde, wie bereits schon einmal im Herbst, eine Lebensmittelsammlung durchzuführen.
Da die Verpflegung im Lager zur Zeit völlig unzureichend ist, wäre ein gutes Sammelergebnis herzlich willkommen.
Besonders wünschenswert sind Kartoffel und Gemüse aller Art.

i.A. Der Bürgermeister

~

GA 1.6.1946

Abgabe von Nutzvieh betr.
Vom Landwirtschaftsamt Radolfzell erhielten wir die am 6.Juni 1946 zu erfüllende Auflage von 3 Stück Großvieh, nicht über 10 Jahre alt und mindestens 25 Wochen trächtig abzuliefern.
Wir bitten um Anmeldung auf dem Rathaus bis Sonntag 12 Uhr.
Bei Nichtmeldung sehen wir uns gezwungen, Stallbesichtigungen durchzuführen.
Bei dieser Gelegenheit bitte ich alle hiesigen Landwirte dringend, doch in Zukunft die von der Militärregierung beauftragte örtliche Kommission bei der Besichtigung nicht mit Grobheiten zu belästigen und nicht gar den Bürgermeister selbst persönlich verantwortlich zu machen und ihm sein ohnehin schweres Amt zu verbittern, wie das bedauerlicherweise wiederholt vorkam.
Bedenkt dies bei allem, was noch kommen mag. Wir wollen in Eintracht und Vernunft miteinander arbeiten und uns nicht selbst das Leben erschweren, sondern daran denken, dass wir alle Glieder eines schwergeprüften Volkes sind und als solches gemeinsam die Folgen des verlorenen Krieges zu tragen haben.
Franz Dullenkopf, Bürgermeister

~

GA 6.7.1946

Felddiebstähle betr.
Die Felddiebstähle mehren sich in letzter Zeit wieder, so dass ich mich veranlasst sehe, die Täter nochmals zu warnen.
Einer wurde auf frischer Tat ertappt. Im Wiederholungsfalle werden die Namen im Gemeindeanzeiger veröffentlich.
Der Bürgermeister.

Anmerkung:
Die offen zugänglichen Anbauflächen, hauptsächlich auch das „Kabisland“, waren für die hungernde Bevölkerung natürlich eine große Versuchung.

~

GA 17.8.1946

Ortsfremde Einwohner betr.
Zum Zwecke einer lückenlosen politischen Säuberung haben sich alle Personen über 18 Jahre auf dem Rathaus zu melden, welche nach dem 1.Januar 1933 hier zugezogen sind.

~

GA 7.9. 1946

Wie uns in der gestrigen Bürgermeisterversammlung mitgeteilt wurde, stehen wir in der nächsten Zeit vor einer katastrophalen Brotversorgung, wenn nicht von Seiten der Landwirtschaft größere Mengen Getreide zur Ablieferung gebracht werden

~

GA 19.10.1946

Versorgung mit Obst und Gemüse
Das Militär-Gouvernement Konstanz teilt mit, dass es von jetzt an strenge Strafen gegen Landwirte verhängen wird, die ihrer Ablieferungspflicht an Obst und Gemüse nicht nachkommen.
Die Gemeinde wird durch französische Offiziere besucht werden. Die säumigen Ablieferer werden sodann von den Offizieren mit einer Verwaltungsstrafe in zehnfacher Höhe des Wertes der nicht gelieferten Waren belegt werden.

~

GA 9.11.1946

Nachforschung nach vermissten deutschen Militärpersonen betr.
Vom Landratsamt Konstanz erhielten wir die Auflage, eine Liste sämtlicher deutschen vermissten Militärpersonen aus Dettingen-Wallhausen aufzustellen und sofort dem Landratsamt mitzuteilen.

Anmerkung:
Von den nach Kriegsende vermissten 7 Soldaten aus unserer Gemeinde wurde das Schicksal von 2 Vermissten aufgeklärt: Josef Rinkenburger fiel am 9.April 1945 in Italien und Franz Waldraff starb am 7.Juli 1946 in einem französischen Gefangenenlager.

~

GA 7.12. 1946

Rückführung sämtlicher Evakuierten betr.
Um eine ernährungs- und wohnraummäßige Entlastung durchzuführen, muss die Rückführung in die anderen Besatzungszonen mit allen Mitteln und Unnachgiebigkeit durchgeführt werden.
Die Rückführung steht unter der Aufsicht der Militärregierung.
Evakuierte die sich weigern, der Anordnung auf Rückkehr Folge zu leisten, sind der Militärregierung zu melden und die Lebensmittelkarten zu entziehen.

Anmerkung:
Ohne Lebensmittelkarte wäre man dem Hungertod ausgeliefert gewesen. Ausgenommen von der Anordnung waren die Evakuierten, deren Heimatorte in der sowjetischen Besatzungszone lagen.

Fleischverkauf betr.
Da mir für diese Woche vom Ernährungsamt kein Schlachtvieh zugeteilt wurde, findet heute kein Fleisch-und Wurstverkauf statt.
E.Bottlang, Metzgermeister

Anmerkung: Metzgermeister Bottlang versorgte von Langenrain aus einmal in der Woche im Kaufhaus Okle die Dettinger und Wallhauser entsprechend der rationierten Mengen mit Fleisch und Wurstwaren.

~

Im Jahr 1947

Das Jahr 1947 unterschied sich auch in Dettingen-Wallhausen in seinem Verlauf nicht grundsätzlich vom vorhergehenden Jahr.
Immer noch stand die Sorge um das tägliche Brot im Mittelpunkt des Lebens. Dazu nachfolgend einige „Themen-Stichworte“ aus dem Gemeindeanzeiger (GA) und dem Mitteilungsblatt des Landrates (ML) an die Gemeinden des Landkreises Konstanz:

GA Januar 1947

Wie jeden Monat: Ausgabe der Lebensmittelkarten, Schlachtvieh-Ablieferung, Eier-Ablieferung...

GA März 1947

Eier-Ablieferungssoll wird verdoppelt.

~

ML April 1947

Beschaffung von Kochgelegenheiten für Flüchtlinge.
Zwangsweise Durchführung der Schlachtviehumlage.
Requisition (=Beschlagnahmung) von Wohnraum für französische Holzhauer.

~

ML Mai 1947

Politische Reinigungsverfahren (= Entnazifizierung: Urteile gegen frühere Mitglieder nationalsozialistischer Organisationen) noch nicht abgeschlossen.

Holzeinschlag: 2 Millionen Festmeter durch Kahlschläge in Baden wegen Lieferungsverpflichtungen nach Frankreich

Anmerkung:
Eine der „Retourkutschen" für die Ausbeutung von Frankreich durch Deutschland während der Besetzung Frankreichs durch Deutschland von 1940 bis 1944.

Arbeitsvermittlung gemaßregelter ehemaliger Nationalsozialisten.

Zwangsarbeitseinsatz in der Landwirtschaft zur Sicherung der Ernährung.

~

GA Mai 1947

Suchdienst für vermisste Soldaten und Vertriebene.

Doppelte Sommerzeit: Die Uhr wird nochmals eine weitere Stunde vorgestellt, um den Arbeitstag bei Tageslicht zu verlängern.

~

GA August 1947

Anträge auf Entlassung deutscher Kriegsgefangener aus englischer Gefangenschaft möglich.
16 Flüchtlinge werden in der Gemeinde in beschlagnahmten Wohnräumen untergebracht.

~

ML Dezember 1947

Errichtung von Denkmäler für die Toten des letzten Krieges:
„Die Errichtung eines Totendenkmals ruft unter der Bedingung keine Einwände hervor, dass nichts an das Naziregime erinnert, sei es in der architektonischen Ausführung oder sei es in den Toteninschriften".

~

Im Jahr 1948

Im ersten Halbjahr 1948 hat sich weder die politische noch die wirtschaftliche Lage gegenüber dem Vorjahr verändert.
Erst mit der Währungsreform am 20.Juni 1948 kam langsam die Wende zur wirtschaftlichen Normalität.

GA 22.1.1948

Das Ablieferungssoll der Gemeinde von 1900 Doppelzentner Kartoffeln vom Vorjahr ist noch nicht erfüllt.
Die Gemeinde ist noch ziemlich im Rückstand mit der Brotgetreide-Ablieferung.

~

GA 13.2.1948

Ausgabe der Rasierseifen-Karten.

~

GA 11.3.1948

Schlechten Milchablieferern wird Strafhaft angedroht.

~

GA 3.4.1948

Ausgabe von Rauchwaren an gute Kartoffelablieferer.

Anmerkung:
20. Juni 1948: Währungsreform
Die Währungsreform war wirtschaftlich ein bedeutendes Ereignis. Es findet aber weder im Gemeindeanzeiger, noch im Mitteilungsblatt des Landrates eine Erwähnung.
Man war sich wohl der Bedeutung dieser Reform nicht voll bewusst.

~

ML 30.9.1948

Es wird eine relativ große Verkehrsfreiheit zwischen der französischen, englischen und amerikanischen Besatzungszone gegeben.

~

GA 25.11.1948

Immer noch Überwachung des elektr. Stromverbrauchs.

~

GA 11.12.1948

Bürgermeisterwahl am 5.12.1948;
gewählt wurde der frühere langjährige Bürgermeister Julius Assfahl.

~

Im Jahr 1949

Trotz der Währungsreform gibt es immer noch das Rationierungssystem.

GA 29.1.1949

Ausgabe der Lebensmittelkarten, der Eierkarten, der Schuh-Punktekarten, der Benzinmarken für Motor-Mähmaschinen und Motor-Baumspritzen.

Andererseits aber auch:

Betr. Gemeindeanzeiger:
Nachdem die Papiernot überwunden ist und wir bereits mit einem Vorrat für die kommenden Jahre eingedeckt sind, so beabsichtigen wir, nun wieder jede Woche den Einwohnern den Gemeindeanzeiger zuzustellen.

~

Auch noch:

GA 28.5.1949

Betr. Viehzählung
Auf Grund des Gesetzes über die Viehzählung findet am 3.6. eine Viehzählung statt.
Das Ergebnis dieser Erhebung wird als Unterlage für die Maßnahmen zur Sicherung der Volksernährung gebraucht.
Viehhalter, die falsche oder unvollständige Angaben machen, haben eine strenge Bestrafung zu gewärtigen.

Anmerkung:
Man hat noch keine Vorstellungen vom „freien Markt“.
Kein Wunder nach 10 Jahren absoluter Mangelwirtschaft.

~

GA 12.6.1949

Betr. Flüchtlingsaufnahme
Gemäß höherer Anordnung muss die französische Zone noch eine beträchtliche Anzahl von Flüchtlingen aufnehmen, so dass jede Gemeinde mit 25% ihrer Einwohnerzahl mit Flüchtlingen belegt werden soll.

Der erste Transport ist bereits eingetroffen und muss umgehend in Privatquartieren untergebracht werden.
Wir ersuchen deshalb die hiesige Einwohnerschaft, sofort jeglichen verfügbaren Wohnraum auf dem Rathaus anzumelden.
Gleichzeitig geben wir bekannt, dass sämtliche freien Wohnräume beschlagnahmt sind und nicht ohne Zustimmung des Bürgermeisteramtes vermietet oder sonst veräußert werden dürfen.
Gleichzeitig werden zwecks Unterbringung der Flüchtlinge Bettstellen, Betten, Wohnungs-und Kücheneinrichtungen usw. gesucht.
Das Bürgermeisteramt.

Anmerkung:
Wahrscheinlich verwundert der späte Flüchtlingsstrom.
Die Erklärung dazu: Aus den Gebieten der zurückweichenden nordöstlichen Kriegsfronten während der letzten Kriegsmonaten 1945 wurde Millionen deutscher Zivilpersonen evakuiert.
250.000 der Flüchtlinge, meist Frauen und Kinder, wurden von den deutschen Behörden in das neutrale, aber trotzdem 1940 von den Deutschen besetzten Dänemark verbracht.
Die dänische Regierung protestierte. Sie lehnte die ungeliebten Flüchtlinge ab und wollte sie aus finanziellen Gründen wieder loswerden, was ihr aus politischen und humanitären Gründen aber nicht gelang.
Für die Flüchtlinge war es ein entbehrungsreiches Lagerleben. Viele, vor allem auch viele Kinder, starben.
Erst nach und nach waren die Militärregierungen in den drei westlichen Besatzungszonen bereit, auch die Flüchtlinge aus Dänemark aufzunehmen.
Viele fanden vorübergehend Aufnahme in Schleswig-Holstein.
Die letzten Flüchtlinge konnten erst 1949 Dänemark verlassen.

~

GA 19.6.1949

Betr. Industriebetrieb
Ab 1.Juli wird ein auswärtiger Fabrikant in der Turnhalle einen Industriebetrieb eröffnen. Vorerst sollen etwa 25 Näherinnen und eine entsprechende Anzahl Hilfskräfte eingestellt werden. Wir erwarten, dass diese Kräfte aus der Gemeinde Dettingen gewonnen werden. Nicht dass die Unternehmerfirma gezwungen wäre, diese Hilfskräfte aus den umliegenden

Ortschaften heranzuziehen, sonst wäre dem allgemeinen Zweck, um den sich die Gemeindeverwaltung beworben hat, nicht gedient.
Bei dieser Gelegenheit möchte ich der Verwaltung des Sportvereins herzlich danken, der in entgegenkommender Weise dem Wunsch des Gemeinderates entsprochen hat und die Turnhalle bis auf Weiteres zur Verfügung stellt, damit das Industrieunternehmen nicht in eine andere Gemeinde verlagert wurde, wo auch gerade die Gemeinde Dettingen heute so notwendig für die Arbeitsbeschaffung seiner Bewohner Sorge tragen muss.
Das Bürgermeisteramt

Betr. Näherinnen
Für den in hiesiger Gemeinde neu errichteten Industriebetrieb werden auf 1.Juli eine größere Anzahl Näherinnen gesucht, auch andere Kräfte können sich melden.
Der Unternehmer: gez. Schmoll

Anmerkung:
Den älteren Ortsbewohner ist der Name heute noch ein Begriff.

~

GA 24.9.1949

Nachruf
Dieser Tage ist die traurige Nachricht bei der Gemeinde eingegangen, dass der langjährig vermisste Bürgersohn Julius Waldraff bereits am 20.10.1945 im Gefangenenlager Rinsen in Russland verstorben ist. Allgemeine Teilnahme wird der schwer betroffenen Mutter entgegengebracht.

Begrüßung
In der letzten Zeit sind wieder drei Gefangene in unsere Gemeinde zurückgekehrt.
Es sind dies Johannes Mollenhauer, Sohn der Ostflüchtlingsfamilie Mollenhauer hier, ferner der Ingenieur Otto Kreutzer, Ehemann der Tochter des

Maurermeisters Wilhelm Herrmann und der Bürgersohn Wilhelm Braunbarth, Ziegelhof.
Mögen sie sich alle von den harten Folgen der Gefangenschaft im Kreise ihrer lieben Angehörigen bald erholen.
Das Bürgermeisteramt

~

GA 31.12.1949

Der Bürgermeister zur Jahreswende:
„... Wenn wir die Verhältnisse vor einem Jahr zur Richtschnur nehmen, so können wir heute doch feststellen, dass das Jahr 1949 einen wirklichen Umschwung zur Besserung der Verhältnisse gebracht hat.
Man kann annehmen, dass der größte Tiefstand überwunden ist und allmählich wieder eine Besserung auf allen Gebieten eintritt. ..."

Anmerkung:
Der Bürgermeister schätzte die Lage richtig ein.

~

1950 – 1960

Das Leben normalisiert sich

GA 30.12. 1950

Rückblick des Bürgermeisters auf das Jahr 1950
„... Und nun noch ein kurzer Rückblick über die Geschehnisse im Jahr 1950 innerhalb unserer Heimatgemeinde.
Als erster Punkt käme die Erweiterung der Wasserversorgung von Dettingen und Wallhausen. Sie wurde mit einem Kostenaufwand von 15.000 DM zu einem erfolgreichen Abschluss gebracht; ferner der gemeindeeigene Fabrikbau mit Einbau von 4 Wohnungen, der in Kürze bezugsfertig ist.
Auch wurde von der Kreisverwaltung Konstanz die Verbindungsstraße Dettingen-Wollmatingen geteert.
Außerdem wurden vom Umsiedlungsamt Singen im verflossenen Jahr 61 Personen als Ostflüchtlinge zur Unterbringung überwiesen, für die wir so gut es möglich war, Unterkunft geschaffen haben.
Die Volkszählung im August d.J. hat die Einwohnerzahl mit 917 Personen festgestellt, die aber schon wieder auf über 930 angewachsen ist und im kommenden Jahr wohl die Zahl 1000 erreichen dürfte. ...
Euer Bürgermeister"

~

Die Dettinger Eierlesefeste

Ein besonderes Ereignis, das der Bürgermeister in seinem Rückblick nicht erwähnte, war das Eierlesefest.
Einer alten Tradition folgend, wurde das Freilichtspiel nach einer längeren Pause, bedingt durch Kriegs- und Nachkriegzeit, wieder aufgeführt.

Eierlesefest 1924

Eierlesefest 1927

Eierlesefest 1930: Bürgermeister Sebastian Okle bei der Festansprache

Die NS- Bauernschaft- eine nationalsozialistische Gruppierung- ist der Veranstalter des in der Zeitungsanzeige beworbenen Eierlesefestes. Dann war frühestens das Jahr 1933 als Veranstaltungstermin möglich.
Die politische „Gleichschaltung“ aller gesellschaftlichen Gruppierungen im NS-Staat erfolgte im Jahr 1933.

Eierlesefest 1950

Das traditionelle Freilichtspiel bringt jeweils eine Begebenheit aus der Geschichte des Dorfes auf die Bühne; gespielt von Mitgliedern der örtlichen Vereine.
Themen sind dabei Episoden aus der Herrschaft des Klosters Reichenau ab dem 9. Jahrhundert und später dann ab dem 14. Jahrhundert aus der Herrschaft des Deutschen Ritterordens über die Ortschaft Dettingen und den Weiler Wallhausen.
Verfasst wurden die Stücke der letzten Jahrzehnte in historischer Freiheit vom Dettinger Heimatdichter Georg Schnopp (1902 – 1992).
Dargestellt werden Konflikte der damals ziemlich rechtlosen Dorfbevölkerung mit den absolutistischen Herrschaften.

Das Spiel:

Ein Konflikt der Dorfbevölkerung mit der Herrschaft oder eine Bitte des Dorfes, z.B. Erlass einer drückenden Abgabe wird in einem Spiel auf der Bühne auf der Bühne dargestellt.
Die Entscheidung darüber wird dann letztendlich im Ergebnis eines Wettstreites gesucht:
In einem Wettkampf zwischen einem, eine bestimmte größere Anzahl Eier werfenden Dorfburschen und einem herrschaftlichen Reiter, der mit einem Ritt ebenfalls eine Aufgabe zu lösen hat, gewinnt der Dorfbursche durch eine „geschickte Regie“ den Wettkampf für das Dorf.

Verbunden mit dem Spiel ist ein großer historischer Umzug.

Gemeinde Dettingen

Einladung.

Zum Eierlesenfest verbunden mit einem Freilichtspiel
,, Der Kampf um Heimat und Scholle " .
laden wir alle Freunde und Gönner am Ostermontag den 1o. 4. 195o herzlich ein. Beginn des Festspieles nachmittags 2 Uhr beim Gasthaus zum Kreuz unter folgendem

Programm.

1. Aufmarsch der Bauern und Fischergruppen mit Zehntwagen und Fischersimbol.
2. Eröffnungsmarsch durch die Musikkapelle Dettingen - Wallhausen.
3. Begrüßungsansprache.
4. Eröffnung des Festspiels mit dem Reigen der Wallhauser Fischermädchen
5. Der Vogt von Dettingen verhandelt mit seinen Bauern betreffs der Zehntabgabe an den deutsch Ritterorden der Komentur Mainau.
6. Die Zehntherrn, die Kreuzritter der Komentur Mainau treffen mit Gefolge ein um die Zehntsteuer zu erheben und über einen Wild = frefler zu Gericht zu sitzen.
7. Der Burg u. Schirmherr Heinrich von Dettingen kehrt unerwartet vom Kreuzzug zurück in Begleitung seiner Schwester, der Verena von Dettingen der nunmehrigen Gräfin von Wiladingen und schlichten die Forderung der Zehntherren, zu Gunsten der Bürger von Dettingen.
8. Wettritt und Eierwerfen.
9. Ehrung der Sieger mit Schlußreigen der Dettinger Bauernmädchen.
1o. Allgemeiner Festumzug.
11. Gemütliches Beisammensein mit Tanzunterhaltung in beiden Gast = stätten bis nachts 12 Uhr.

Zwcks Deckung der Unkosten und Stärkung eines Fonds zur Anschaff= ung von Kirchenglocken wird ein Festabzeichen zum Preise von 1.-D.M. verkauft. Kinder unter 14. Jahren und Schwerkrigsbeschä = digte sind frei.

Der Festausschuß :

Anmerkung: Die Schreibmaschine der Gemeindeverwaltung war schon sehr altersschwach….

Eierlesefest 1950: Die Mitwirkenden vor dem Gasthaus Kreuz

Die Wallhauser Dorfjugend. Vorne links Georg Schnopp, Heimatdichter und Verfasser des Festspiels.

Die Dettinger Mädchen

Die Dettinger Burschen
Vorne Mitte: Georg Schnopp. Vorne rechts: „Dorfvogt“ Karl Trummer

Die Hauptdarsteller: von links nach rechts Josef Assfahl, Josefine Jarmuzewski, Karl Trummer und Johann Fritschi

Das Dettinger „Eierlesefest“ hat mit dem ursprünglichen Eierlesen, das in manchen Gegenden gespielt wurde oder noch gespielt wird, kaum etwas zu tun.

Das „klassische“ Eierlesespiel besteht darin, dass zwei Gruppen aus dem Dorf, z.B. die Mädchen und die Burschen, eine Wette austragen:

In derselben Zeit, in der der Vertreter der einen Gruppe nach einem bestimmten, etwa eine halbe Stunde entfernten Ziel hin und von dort wieder zurück läuft, hat der Vertreter der anderen Gruppe eine größere Anzahl Eier, die in langer Reihe ausgelegt sind, aufzulesen und in einen Korb zu tragen. Gewonnen hat natürlich die Gruppe, die ihre Aufgabe als Erste gelöst hat. Die verlierende Gruppe hat die vereinbarte Wettschuld zu begleichen.

Ob es in Dettingen diese Form des Eierlesens je gab, ist nicht bekannt.

Infrastruktur und Bevölkerungsstruktur im Wandel

Eine Außenansicht

Nach den detaillierten Einblicken in das Gemeindeleben mit Hilfe der Ausgaben des „Gemeindeanzeiger", soll nun eine „Außenansicht" etwas über die Gemeinde aussagen.

Der „Südkurier" schreibt am 21.8.1954 unter anderem:

Die Größe der Dettinger Gemarkung mit 1250 Hektar hat sich seit mehr als 100 Jahren nicht geändert. Die Einwohnerzahl ist von 523 im Jahre 1850 auf etwa 1000 Einwohner angestiegen, von denen 200 in Wallhausen, auf dem Ziegelhof und dem Rohnhauser Hof wohnen.
Auch in Dettingen herrscht der in viele Kleinparzellen aufgesplitterte landwirtschaftliche Besitz vor.

Der Bürgernutzen für 100 nutzungsberechtigte Bürger teilt sich auf in Wiese, Acker Gartenland und Gabholz.
Der bäuerliche Besitz verschafft den Bürgern den Lebensunterhalt- das bare Geld jedoch verdienen sich die Männer meist in Konstanz in den dortigen Textilfabriken, während ein Teil der Frauen in der Dettinger Wäschefabrik arbeitet.
Im Winter kommen als Arbeits- und Verdienstausgleich die Beschäftigung im Gemeindewald und im Domänewald hinzu.
Es ist verständlich, dass schon auf Grund der wirtschaftlichen Struktur des Ortes das Interesse an zusätzlichen Einnahmen aus dem Fremdenverkehr wächst. Zumal die geradezu ideal gelegene Bucht von Wallhausen immer mehr Fremde von Überlingen her an das Bodanrück-Ufer hinüberzieht.
Ein Verkehrsverein zur Wahrung dieser Interessen besteht noch nicht.
Wallhausen ist nicht mehr das alte Fischerdorf - nur drei Fischerboote fahren noch hinaus, wobei die Beschäftigung im Lachner'schen Sägewerk eine beträchtliche Rolle spielt.

Eine Innenansicht

GA 12.3.1955

Betr. Gemeindeversammlung
Laut Beschluss des Gemeinderates findet am nächsten Samstag, abends 8.00 Uhr im Gasthaus Kreuz eine Gemeindeversammlung statt.
Es würde uns freuen, wenn auch die Einwohnerinnen teilnehmen würden, denn die Frauen haben oft mehr auf dem Herzen als die Männer und eine gesunde Kritik der Frau ist niemals zu verachten.
Die Gemeindeverwaltung

Anmerkung: Ein fortschrittlicher Bürgermeister!

~

Über das Ergebnis der Gemeindeversammlung ist im „Südkurier vom 24.3. 1955 zu lesen:

…In einer gut besuchten Bürgerversammlung gab der Bürgermeister einen ausführlichen Rechenschaftsbericht über die Tätigkeit der Gemeindeverwaltung im vergangenen Jahr.
Zufriedenstellend gelöst oder vor dem baldigen Abschluss stehen:
Verbesserungen im Wallhauser Hafen,
Einbau der Wasseruhren zur Kontrolle des Wasserverbrauchs,
Einbau eines zusätzlichen Schulsaales im Schulhaus,
Kauf eines Bauplatzes in Wallhausen für ein evtl. zu bauendes Schulhaus,
Anschaffung einer Ackerwalze und einer Sämaschine,
Kanalisierung innerhalb der Gemeinde.
Auf dem Wunschzettel der Bevölkerung steht noch der Bau eines Kindergartens.…

Hafen Wallhausen 1955

~

GA 21.5.1955

Kraftpostlinie Konstanz - Dettingen betr.
Mit Beginn des Sommerfahrplans sind Verbesserungen für die Gemeinde vorgesehen.
Wir bitten die Bevölkerung, diese Verbesserungen auszunützen.

Gasthaus Kreuz 1950

Anmerkung: Es fuhren nun morgens, mittags und abends je zwei Kurse. Die Bushaltestelle war beim Gasthaus Kreuz

~

GA 28.5.1955

Verschandelung des Seeufers in Wallhausen durch Ablagerung von Schutt und Unrat.
Wir machen die Wallhauser Bevölkerung dringend darauf aufmerksam, dass es streng verboten ist, am Seeufer altes Gerümpel, Baumreisig, Schutt usw. abzulagern. Wenn die Wallhauser bemüht sind, aus ihrem Dorf einen Kurort zu machen, so müssen in erster Linie diese Missstände beseitigt werden.

~

GA 23.7.1955

Kriegerehrenmal in der der hiesigen Friedhofskapelle.

Gemäß dem Beschluss des Gemeinderates sollen in der hiesigen Friedhofskapelle zwei Marmortafeln mit den Namen aller in den beiden Weltkriegen gefallenen und vermissten Krieger unserer Gemeinde angebracht werden.

1914
FUCHS ALBIN
HORNSTEIN HEINRICH
ROTH ALOIS
DEGGELMANN OTTO
OKLE JOHANN
SCHROFF JOSEF
ASSFAHL EDUARD
HERMANN STEFAN
ROTH BERNHARD
1915
HORNSTEIN RICHARD
HORNSTEIN EWALD
ASSFAHL ALEXANDER
HAMM JULIUS
KRAMER JOSEF
DEGGELMANN GEBHARD
WELTE ALOIS
ROMER JOHANN
HORNSTEIN ANTON
1916
ROMER ALOIS
FUCHS KONSTANTIN
SCHROFF GOTTFRIED

1916
HAMM STEFAN
SCHROFF KARL
1917
MESSMER ALBERT
SPÄTH JOHANN
HECKLER JAKOB
HAIDLAUF JOSEF
OKLE JULIUS
SCHROFF JOHANN
TRUMMER HERMANN
ROTH BLASIUS
BRAUNBARTH KARL
1918
FRITSCHI JOSEF
OKLE ERNST
BOSSART BERTHOLD
HECKLER EMIL
HECKLER KONRAD
OKLE KASIMIR
URNAU JOH. BAPT.
1919
MÜLLER WILHELM

1939
BOSSART JULIUS
1941
KAIBACH ANDREAS
OKLE PHILIPP
RIEDLE OTTO
1942
GIESS KONRAD
RIEDLE KONRAD
KEGEL KARL
1943
HORNSTEIN KONRAD
SPÄTH AUGUST
ROTH HERMANN
MESSMER HERBERT
ROMER JOSEF
FUCHS HEINRICH
KEGEL NORBERT
SCHIESS JULIUS
vermisst
WALDRAFF MATHÄUS
SPÄTH JOH.BAPT.
FUCHS ERNST
KEGEL EDWIN
DULLENKOPF JOSEF
1944
HECKLER KONRAD
OKLE KASIMIR
WALDRAFF FRIEDRICH
HERMANN STEFAN

1944
FUCHS BERTHOLD
RENNER AUGUST
BEIRER PAUL
DÜRR KURT
HAMM OSKAR
vermisst
HORNSTEIN HEINRICH
KAIBACH FRIDOLIN
SCHNOPP BERNHARD
1945
WALDRAFF HEINRICH
ROMER HEINRICH
SCHROFF HANS
FRITSCHI MARTIN
RIEDLE MAX
ASSFAHL ALOIS
HECKLER ALBERT
WALDRAFF JULIUS
HAMM OTTO
vermisst
SCHROFF JULIUS
OKLE FRITZ
VOGEL AUGUST
DULLENKOPF AUGUST
RINKENBURGER JOSEF
KELLER JOSEF
1946
WALDRAFF FRANZ

Anmerkung:
Leider ist von den Vermissten keiner mehr zurückgekehrt.

~

GA 4.2.1956

Mietwohnungen
Wir haben schon wiederholt darauf hingewiesen, dass nach wie vor die Wohnungsbehörden in Städten und Gemeinden nicht aufgehoben sind, sondern die Belegung von Neuwohnungen, auch wenn dieselben nicht zweckgebunden sind, nur im Benehmen mit der örtlichen Wohnungsbehörde belegt werden dürfen.

Achtung! Schmotziger Dunschtig.
Es ist Pflicht, dass alle närrischen Frauen und Männer sich nachmittags um 2 Uhr auf dem Latschariplatz beim Gasthaus Kreuz versammeln, um gemeinsam den Narrenbaum zu hauen und ins Dorf begleiten, wo derselbe wie jedes Jahr beim Gasthaus Kreuz augestellt wird.
Da ein Dettinger Narrenverein noch im Tiefschlaf liegt, wird der Musikverein seine Stelle vertreten.
Ho Narro!!

~

GA 19.5.1956

Ortsbebauungspläne
Sofern noch Grundstücksbesitzer in hiesiger Gemeinde vorhanden sind, die zu der diesbezüglichen Besprechung letzten Freitag nicht eingeladen wurden, die aber dennoch Interesse hätten, ein hierzu geeignetes Grundstück in den Entwurf des Ortsbebauungsplanes in Dettingen und Wallhausen aufzunehmen, ersuchen wir dieselben, dies am Pfingstmontag in der Zeit von halb elf bis 12 Uhr auf dem Rathaus hier zu melden.

Anmerkung:
Es ist eine Einladung zum Gelddrucken, denn die Aufnahme eines Grundstückes in einen Bebauungsplan erhöhte den Wert des Grundstückes natürlich um ein Vielfaches.
Die landwirtschaftliche Nutzung eines Grundstücks brachte durch den Rückgang der Landwirtschaft ohnehin immer weniger ein.

Statt der früheren Dreifelderwirtschaft mit Acker-Wiese-Brachland galt jetzt Acker-Wiese-Bauland!

~

GA 15.9.1956

Einstellung von Kursen der Kraftpost
Leider teilt uns das Postamt mit, dass ab 30.9.1956 die beiden Kurse Dettingen ab 7.00 und 13 Uhr (Schülerbus) wegen zu schwacher Beteiligung wieder in Wegfall komme.

Anmerkung:
Noch immer besuchten nur ganz wenige Kinder aus dem Dorf eine höhere Schule in Konstanz.

~

GA 15.12.56

Für alle Fernsehfreunde
Während der Wintermonate ist der Fernsehapparat in der Gaststube aufgestellt.
Besonders interessant für jedermann ist die tägliche Tagesschau von 20.00 Uhr, sowie der Wochenspiegel jeden Sonntagabend.
Gasthaus und Metzgerei zur Traube

Anmerkung:
Das Fernsehzeitalter hat begonnen. Aber noch wenige Familien konnten sich ein Fernsehgerät leisten.

~

Noch eine Außenansicht

Über die Entwicklung der Gemeinde in den vergangenen Jahren gibt der nachstehende Auszug aus dem „Südkurier"- Artikel vom 13.12.1960 Aufschlüsse.

Anlass für den Artikel war die anstehende Ortsbereisung der Gemeinde durch Landrat Dr. Seiterich und führenden Beamten des Landratsamtes.
...Die Gemeinde Dettingen liegt im Ausstrahlungsbereich der Städte Konstanz und Überlingen. Ganz besonders im letzten Jahrzehnt wurden ihre idyllischen, Seesicht bietenden Wohnlagen entdeckt und bebaut.
Das äußere Gesicht der Gemeinde hat sich teilweise stark gewandelt, aber auch die wirtschaftlich-soziale Zusammensetzung der Bevölkerung.
Dettingen hat an Einwohnern stark zugenommen. Im Jahr 1950 waren es 928, heute hat die Gemeinde rund 1200 Einwohner.
Ein grundsätzlicher Wandel in der wirtschaftlichen Gliederung der Erwerbstätigen ist damit einhergegangen.
Der alte Ortskern bietet heute noch das Bild eines landwirtschaftlich bestimmten Ortes. Die am Ortsrand, aber insbesondere in Wallhausen, entstandenen Neubaugebiete können aber nicht darüber hinweg täuschen, dass die Erwerbspersonen dieser Gemeinde heute nur noch zum geringen Teil in der Landwirtschaft tätig sind.
Waren 1950 noch 50% der damals 568 Erwerbspersonen in Land- und Forstwirtschaft tätig, so sind es in 1960 nur noch knapp ein Drittel.
Wie stark Dettingen in die Funktion einer Wohngemeinde, insbesondere für das nahe gelegene Konstanz hineingewachsen ist, erkennt man daran, dass mehr als die Hälfte aller in Dettingen wohnhafter Erwerbspersonen ihren Arbeitsplatz außerhalb der Gemeinde haben.
90% der 280 Auspendler haben den Zielort Konstanz.
Mit der Abnahme der landwirtschaftlich Erwerbstätiger zwischen 1950 und 1960 um rund 100, war der Umbau der Betriebsgrößen-Struktur verbunden. Die Zahl der landwirtschaftlichen Betriebe hat abgenommen, während andernseits die Zahl der Betriebe mit mehr als 10 Hektar Betriebsgröße zugenommen hat.

Anmerkung: Heute bewirtschaften 5 Betriebe die gesamten landwirtschaftlich nutzbaren Flächen auf der Gemarkung.

Eine weitere rasche Bevölkerungszunahme der Gemeinde ist wahrscheinlich. Es ist anzunehmen, dass sie sich in den nächsten 10 Jahren aus dem Geburtenüberschuss

und einer mäßigen Zuwanderung auf 1500 Einwohner vergrößern wird.
Die gute Platzierung und Gestaltung der damit entstehenden Wohnbauten und anderer Gebäude ist bei ihrer Lage am See von besonderer Wichtigkeit...

Anmerkung:
Ein guter Gedanke, der allerdings gerade in Wallhausen arg vernachlässigt wurde!

~

1960 - 1970

Eierlese- Festspiel 1961

GA 28.4.1961

Eierlese-Festspiel am 30.April und 1.Mai. 1961

F e s t p r o g r a m m

Eierlesen und Frühlingsfest der Gemeinde Dettingen - Wallhausen verbunden mit einem althistorischen Freilichtspiel am 30.April 1961 und 1. Mai 1961 Beginn: 30.April 1961 nachmittags 14^{00} Uhr

Festplatz: beim Schulhaus Dettingen

1. Eröffnungsmarsch mit Einlagen bis zum Spielbeginn — Musikkapelle Dettingen-Wallhausen
2. Aufmarsch der Laienspielschar
3. Begrüßung durch den Festpräsidenten: — Bürgermeister Assfahl
   und Erläuterung des Festspieles "Dorfgeschehen der Alt-Dettinger aus dem 14. Jahrhundert"
   Verfasser: Unser Bürgerssohn — Georg Schnopp
4. Beginn des Festspieles:
   a) Das Volk rüstet sich zum Frühlingsfest
   b) 1.Zwischenfall; Der Klosterjäger der Abtei Reichenau fahndet nach einem Wilddieb.
   c) 2. Zwischenfall; Ein Bote berichtet von dem Überfall der Raubritter von der Burg Kargegg in Wallhausen.
   d) Eintreffen der Gäste; Ritter, Minnesänger Heinrich von Dettingen und Ritter Burkhard von Hohenfels mit Gefolge, sowie des Fürstabtes von Reichenau.
   e) Eierwerfen und Wettlauf.
   f) Siegerehrung und Schlußreigen

   Anschließend gemütliche Unterhaltung mit Tanz auf dem Festplatz
5. abends 20^{00} Uhr Konzert der Musikkapelle und des Männergesangvereines — Dettingen - Wallhausen

   anschließend öffentlicher Tanz auf der Festbühne mit Freinacht

1. M a i 1961

1. vormittags von 10^{00} - 12^{00} Uhr Frühschoppen mit Musik und Gesangsvorträgen auf dem Festplatz

2. nachmittags 14^{00} Uhr beginnend auf dem Festplatz 1. Maifeier mit Tanz und sportlichen Einlagen bis zur Polizeistunde.

Bewirtung und Vergnügungspark am Platz.

Zu sämtlichen Veranstaltungen ladet freundlichst ein :

Der Festausschuß

Festabzeichen: DM 1.-

Bürgermeister Julius Assfahl bei der Festansprache im Schulhof

Festspielszene

Die „Schauspieltruppe“. In der Mitte Hauptdarstellerin Rita Fuchs.

Die fortschrittliche Gemeinde

Die letzten Ortsbereisungen der Ortschaften des Landkreises durch den Landrat mit seinen Spitzenbeamten, fanden im Landkreis Konstanz im Jahre 1965 statt; in Dettingen am 18.November.

Auszüge aus dem Protokoll:

... Es ist offensichtlich, dass Dettingen-Wallhausen von den wirtschaftlichen und sozialen Veränderungen erheblich betroffen wird.
Die Gemeinde liegt in unmittelbarer Nachbarschaft einer Mittelstadt. Als Nachbargemeinde von Konstanz, der größten Stadt der Region, dazu durch seine reizvolle Lage als Wohnort besonders anziehungskräftig, ist Dettingen-Wallhausen eine der am raschesten wachsenden Gemeinden im Kreis Konstanz. Aber nicht allein die Zunahme der Bevölkerung vergrößert die Aufgaben der Gemeinde, etwa durch Erschließung neuer Wohngebiete; sondern die Bewohner stellen heute auch sehr viel höhere Ansprüche als vor etwa 15 Jahren.
Mit Recht erwarten sie auch im Dorf die gleichen Wohnverhältnisse wie in der Stadt.
Sie wünschen gleiche Leistungen in der Energie-und Wasserversorgung, der Straßenbefestigung,-Säuberung und Beleuchtung, sowie der Abwasser und Müllbeseitigung.
Die Gemeinde muss diese Ansprüche zu erfüllen suchen.

Wohnbevölkerung.
Vor 100 Jahren hatte Dettingen zwischen 500 und 600 Einwohner.
Schon seit der Jahrhundertwende zeigte die Gemeinde einen ständigen Bevölkerungszuwachs, so dass sie zu Beginn des 2.Weltkriegs im Jahre 1939 765 Einwohner zählte.
1950 hatte die Gemeinde in Folge der durch den Krieg verursachten Wanderbewegungen 928 Einwohner.
Gegen Ende der fünfziger Jahre nahm die Zuwanderung sehr stark zu, so dass die Einwohnerzahl bis zum Jahre 1961 auf 1250 stieg. Heute zählt Dettingen über 1700 Einwohner.

Wirtschafts- und Sozialstruktur

Vor dem Krieg konnte Dettingen noch als Bauerndorf bezeichnet werden,
doch schon 1950 lebte nur noch etwa ein Drittel der Bevölkerung hauptberuflich von der Landwirtschaft.
Inzwischen ist der Anteil noch weiter erheblich abgesunken, so dass Dettingen heute als eine ländliche Gewerbegemeinde charakterisiert werden kann.
Die Nähe zur Stadt Konstanz kommt in der starken Zunahme der Erwerbspersonen zum Ausdruck, die im Handel, Verkehr, Dienstleistungen usw. beschäftigt sind.
Diese Veränderungen haben sich auch in der Zusammensetzung der Bevölkerung nach ihrer Stellung ausgewirkt.

Pendler
Schon im Jahre 1925 gingen täglich 20 Dettinger in anderen Gemeinden zur Arbeit.
Von Bedeutung wurde die Pendlerwanderung aber erst nach dem Kriege.
Im Jahre 1950 arbeiteten 152, d.h. ein Viertel der Erwerbsbevölkerung außerhalb der Gemeinde, 1961 waren es 320 Pendler, jetzt im Jahre 1965 sind es 480 Einwohner, die vor allem nach Konstanz pendeln.

Entwicklungstendenzen:
Das rasche Wachstum der Gemeinde ist noch nicht zum Abschluss gekommen, sondern wird sich in den nächsten Jahren noch weiter fortsetzen, wie schon die große Nachfrage nach Baugrundstücken zeigt.
Einen neuen Impuls hat der Raum um Konstanz durch Gründung der Universität Konstanz bereits bekommen.
Dieser Bevölkerungszuwachs wird die soziale Struktur der Gemeinde weiterhin stark verändern.
Neben dem raschen Wachstum werden daher auch die Ansprüche der Einwohnerschaft an die Versorgungsleistungen der Gemeinde rascher als in anderen Gemeinden steigen.
Eine zunehmende Bedeutung wird in Dettingen- vor allem in Wallhausen- der Fremdenverkehr bekommen.
Der Wassersport hat in den letzten Jahren einen großen Auftrieb bekommen.

Besonders nach Fertigstellung der Autobahn Stuttgart-westlicher Bodensee wird der Wochenendverkehr an den See eine starke Steigerung erfahren.

Anmerkung:
So weit die Propheten aus dem Landratsamt.
Sie lagen nicht sehr weit daneben.

~

Zum Schluss soll auch noch Landrat Seiterich zu Wort kommen:
Der Landrat führte aus, er sei beeindruckt von der Fülle der bereits bewältigten Aufgaben der nicht mit irdischen Glücksgütern gesegneten Gemeinde und vor allem über den Mut zur Inangriffnahme großer Zukunftsaufgaben.
In der Bevölkerungszunahme habe sich die Behörde stark verrechnet, sei doch der für 1990 erwartete Bevölkerungsstand von 1700 Einwohnern jetzt schon im Jahre 1965 erreicht.
Voller Sorge könne man allerdings sein, wenn diese Entwicklung so weitergehe. Eine gewisse Überfremdung des Ortes werde eintreten, die Gemeindestruktur werde sich wesentlich ändern. Wie Dettingen im Jahre 2000 aussehen werde, lasse sich kaum erahnen.

Anmerkung:
Die Gemeinde hatte mit den Bürgermeistern Julius Assfahl 1946 bis 1963 und Fritz Weißhaupt von 1963 bis 1975 als Bürgermeister und von 1975 bis 1986 als Ortsvorsteher tatkräftige Persönlichkeiten an ihrer Spitze.

Nachtrag:
Gemeinderechner Franz Demmler schrieb aus Anlass der Ortsbereisung 1965 folgendes Gedicht:

Unser Landrat, hochgeehrt,
mit seinem Stab, der sich bewährt,
besuchte neulich unsern Ort,
der sich entwickelt immerfort,
um zu besprechen all das Wichtige,
dass man entscheidet stets das Richtige.

Im Rathaussaal versammelt war,
vollzählig der Gemeinderat.
Alte Räte, die gestählt,
sowie die drei, die neu gewählt.
Und dazu die Leute all,
die man braucht in jedem Fall.
Um ein Dorf gut zu verwalten,

normales Leben zu gestalten.

Um 14 Uhr die Gäste kamen,
die man empfing im schlichten Rahmen.
Als die Begrüßung war vorüber,
setzten brav sich alle nieder.
Der Bürgermeister gab Bericht,
der sicherlich paar Bände spricht,
was alles ansteht an Problemen,
er braucht sich deshalb nicht zu grämen.

Stoff hatte er in reicher Fülle,
als er geendet war es stille.
Interessant, was er gesagt,
nachher wurde viel gefragt.
An Hand der Karten ward erläutert,
und erwogen, dass nichts scheitert,
alles was bald auf uns kommt,
und auch der Gemeinde frommt.

Drei Fachreferate folgten nun,
es gab keine Zeit zu ruhn.
Ortsplanung stand an erster Stelle,
Wasser braucht man auf alle Fälle,
in einem Dorf, zentral gelegen,
und voll Impuls und frischem Leben,
das sich vergrößert immerzu,
ein solcher Ort kommt nie zur Ruh.

Und dazu das Schulproblem,
das wahrhaftig nicht bequem.
Deshalb klar und nüchtern schauen,
einzig für die Zukunft bauen.
Dies braucht eine sichere Hand,
denn es kostet allerhand.
Um das Ganze zu finanzieren,
ließ man sich gleich orientieren.

Ob die Gemeinde stark belastet,
all das auf uns Kommende verkraftet.
Nicht bald tief in Schulden steckt,
und der Karren hängt im Dreck.
Als man ein paar Stunden hat gesprochen,
sind dann alle aufgebrochen,
um das Gelände anzusehen,

darauf der Kinderhort soll stehen.
Besichtigt wurde die L.F.8.*,
die der Gemeinde Ehre macht,
und man sah gleich nebendran,
sich die Schule sodann an.
Obwohl mehrfach angebaut,
fehlt es an Raum, wie man geschaut.

Gelände ist bereits erworben,
für einen Trakt nach West und Norden.
Bei der neuen Kläranlage,
gab es noch so manche Frage.
Doch man hörte frank und frei,
dass dieses heut notwendig sei,
um das Wasser zu entgiften,
die Bazillen zu vernichten.

Die Häuser in ganz modernem Stil,
bildeten das letzte Ziel.
Im Rathaus traf man sich bald wieder;
die Gäste wie die Ratsmitglieder.
Ernsthaft wurde nachgedacht,
wie man es am Besten macht,
damit das Ganze Kopf und Fuß,
man später nichts bereuen muss.

Jeder seine Ansicht sagte,
über vieles man noch fragte.
Alles ist so kompliziert,
und weil es noch dazu pressiert,
Ortsplanung, Wasser, Kanalisation,
all dies braucht man doppelt schon.
Doch am End war man sich klar,
dass der Tag sehr fruchtbar war.

Schon weil in den wenigen Stunden,
Rat und Verständnis hat gefunden,
und hinterher bei Speis und Trank,
da sagte man sich herzlich Dank.
Den Gästen, dass sie gern gekommen,
sich unserer Sorgen angenommen.
Und diese dankten ihrerseits,
weil die Gemeinde ist bereit,
ihre Pflichten zu erfüllen,

nicht allein nach eigenem Willen.

Im Benehmen mit der Behörde,
dass daraus viel Segen werde,
für unseren schönen Doppelort,
dass Eintracht herrsche immerfort
und Friede auf der ganzen Welt,
dies unserm Herrgott wohlgefällt.

(*Löschfahrzeug der Feuerwehr.)

28.11.1965
Franz Demmler, Gemeinderechner

~

Bemerkenswerte Details

GA 3.7.1961

Wassermangel,
das Dauerproblem in Dettingen und Wallhausen in jedem Sommer.
Strenge Auflagen zum Verbrauch sind angemahnt und angedroht.

Anmerkung:
Die Zahl der Wasserverbraucher vermehrte sich; die Zahl der Wasserquellen aber nicht.
Diesem Problem ist später noch ein eigener Abschnitt gewidmet.

~

GA 21.10.1961

Einladung zur Bürgerversammlung in Wallhausen, u.a.
Erweiterung der Hafenanlage,
Klärung der Eigentumsverhältnisse im Bereich des Bodenseeufers.

Hafen Wallhausen, 1958

Anmerkung:
Der Beginn eines Rechtsstreit-Marathons mit der Gemeinde als Punktsieger.

~

GA 24.3.1962

Auszug aus der Haushaltssatzung:

Bau einer Leichenhalle auf dem Friedhof
Umbau des Gemeindehauses Haus Knoblauch.
Bürgermeisterwahl: Der langjährige Bürgermeister Julius Assfahl gibt aus Altersgründen sein Amt auf. Neu gewählt wurde der Konstanzer Polizeibeamte Friedrich (Fritz) Weißhaupt.

Die neue Leichenhalle auf dem Friedhof

Die Seegfrörne im Winter 1962/63

Ein Jahrhundert-Ereignis!
Zuletzt gab es Seegfrörne' in den Jahren 1695, 1788, 1830 und 1880

Ab November 1962 war schon ein richtiger Eiswinter mit Temp. bis – 20°C.
Am 6./7. Februar fror der Bodensee dann vollständig zu.
Beendet war die Seegfrörne offiziell am 10. März 1963.

See-Gförne 1963. Die Wallhauser „Mannschaft“ glücklich zurück von einem offiziell noch nicht erlaubten Fußmarsch nach Überlingen. Selbst der Teufelstisch (Seezeichen 22) war trockenen Fußes erreichbar.

~

GA 9.1.1965

Der Plan zum Ausbau des Hafens liegt vor.

~

GA 23.1.1965

Endausbau der Kanalisation im mittleren und oberen Ortsteil in Dettingen.

~

GA 30.1.1965

Die Abholzung des Wetzsteinwaldes beginnt.

Anmerkung:
Als erster Abschnitt wurde ein kleinerer Teil an der jetzigen Wetzsteinstraße abgeholzt.
Geplant war, den gesamten, gemeindeeigenen, Wetzsteinwald abzuholzen, um Baugelände zu schaffen.
Mit dem Erlös aus dem Verkauf des Geländes sollte der Bau der neuen Schule und der Sporthalle finanziert werden.
Es zeigte sich dann aber, dass auf Grund der guten Kassenlage der Gemeinde, die Schule und die Sporthalle auch ohne den Erlös aus dem vorgesehenen Baugelände finanziert werden konnte.
Weiteres Abholzen konnte entfallen.

~

GA 19.3.1965

Gemeinderatsbeschluss:
In einem ersten Abschnitt soll im halben Dorf in Dettingen die Straßen- und Wegebenennung durchgeführt werden.

~

GA 15.4.1965

Der Ausbau des Hafens wird bis zur rechtlichen Klärung einiger Punkte zurückgestellt.

~

GA 7.8.1965

Anlässlich des Empfangs auf dem Rathaus für die Herren Präsidenten und anderer Persönlichkeiten des Internationalen Kanu- Verbandes wurde das Amtszimmer in vorbildlicher Weise durch private Spender

geschmückt. Ich darf mich sehr herzlich für dieses unentgeltliche Entgegenkommen bedanken; ebenso der Mainauverwaltung für die Überlassung der Ehrensträuße.
Eine Aufzeichnung des Deutschen Fernsehens SWF wird voraussichtlich am Sonntagabend gegen 18.00 Uhr in der Sportschau ausgestrahlt.

Weisshaupt, Bürgermeister

Anmerkung:
Vom 6. bis 8.August 1965 fanden in Wallhausen unter der Schirmherrschaft von Bundespräsident Dr. Lübke die internationale Kanu-Segelweltmeisterschaften statt.
Der Schirmherr war allerdings nicht anwesend.
Es war ein hervorragendes sportliches Ereignis; ideale Wetterverhältnisse, starker Wind, gute Organisation, sowohl lokal wie international.
In Wallhausen gab es dazu ein Seenachtsfest mit einem beeindruckenden Feuerwerk.

Das Präsidium bei der Lagebesprechung im Hafen Wallhausen

Das Wettkampfgericht in Position

Der Spitzenreiter.

GA 18.9.1965

Der Bürgermeister ruft zum Saubermachen der Straßen und Höfe an den Samstagen auf.

Anmerkung: Die badische Kehrwoche!

Hinweis des Bürgermeisters an die Wallhauser, endlich die ausgehändigten Hausnummernschilder anzubringen.

~

GA 13.11.1965

Öffentliche Besichtigung der neu erstellten Kläranlage an der Hegnerstraße.

~

GA 3.12.1965

Der letzte Abschnitt der Ortskanalisation wird begonnen.

~

GA 5.3.1966

Einladung zur Bürgerversammlung,
u.a. mit folgenden Themen:
Planung Schulhausbau und Sporthallenbau,
Kanalisation in Dettingen und Wallhausen,
Ausbau der Wasserversorgung,
Planung Kindergarten,
Erschließung von Neubaugebieten,
Ausbau Hafen Wallhausen,
Straßennamen und Hausnummerierung in Dettingen.

Anmerkung:
Man sieht, es gab viel zu tun. Es wurde angepackt!

~

GA 25.3.1966

Achtung Müllabfuhr:
Ab 1.4.1966 findet nun die staubfreie Müllabfuhr statt.
Sperrmüll wird einmal im Monat abgeführt.

Arbeiten der Bundespost
Ein lang ersehnter Wunsch der Gemeindeverwaltung und der Bürger wird nun endlich wahr. Die Post wird in diesem Sommer in Dettingen und Wallhausen verkabeln und hierdurch wird dann jeder Bürger einen Anschluss an das Fernsprechnetz bekommen.

~

GA 6.8.1966

Bau eines Kindergartens
Als Bürgermeister habe ich im Frühjahr bei der Bürgerversammlung versprochen, dass im Herbst mit dem Bau eines Kindergartens begonnen wird.
Wenn jetzt aber in Anbetracht der Wichtigkeit der Wasserversorgung diese Maßnahme in Angriff genommen werden und finanziert werden muss, kann selbstverständlich nicht auch noch der Kindergarten verkraftet werden.
Ich darf deshalb herzlich bitten, Verständnis dafür zu haben.

In Wallhausen wird am See im Rahmen der Kanalisationsplanung eine Bedürfnisanstalt für Frauen und Männer erstellt.
Zugleich wird eine Omnibuswartestelle geschaffen.
Weißhaupt, Bürgermeister

Anmerkung:
Sehr fortschrittlich; an alles wird gedacht!

~

GA 17.9.1966

Bebauungsplan „Wallhausen- West".
Der Bebauungsplan liegt zur Einsicht alle Bürger auf dem Rathaus auf.

Anmerkung:
Es handelte sich um das Baugebiet im Bereich der Terrassenhäuser und dem „Hochhaus".

~

GA 19.11.1966

Schulbusse zur Nachbarschaftsschule in Dettingen.
Durch eine Besprechung der vier Gemeinden Dettingen, Dingelsdorf, Litzelstetten und Langenrain konnte mit der Bundespost eine Regelung in Bezug auf die Unterrichts- und Fahrzeiten der Schulbusse erzielt werden.
Ab 8.Dezember werden die Hauptschüler von Wallhausen mit den Schülern von Dingelsdorf und Litzelstetten am Morgen und an den Nachmittagen zur Schule nach Dettingen gefahren werden.

Anmerkung:

Damit wurde ein langjähriges Ringen um den Hauptschulstandort zwischen Litzelstetten und Dettingen zu Gunsten von Dettingen entschieden.
Die größere Schülerzahl gab den Ausschlag.

~

GA 14.1.1967

Bau von Gehwegen im Dorf.
Wir geben der Einwohnerschaft bekannt, dass beabsichtigt ist, in diesem Jahr mindestens ein Teilstück eines Gehweges im Ortsinneren zu erstellen.
Wir bitten heute schon um Verständnis bei den Grundstücksverhandlungen.
Der Gemeinderat ist der Auffassung, dass in Folge der Größe des Dorfes Gehwege jetzt erforderlich werden.
Alle betroffenen Bürger sollten im Interesse dieser Sache die Verwaltung unterstützen.

~

Dettingen-Wallhausen war bis nach dem 2.Weltkrieg ein „Straßendorf".

Die Anlage von Gehwegen im alten Ortskern erforderte Gelände von den Straßenanliegern, deren Hausgrundstücke im Normalfall an die 2 Hauptverkehrsstraßen grenzten.

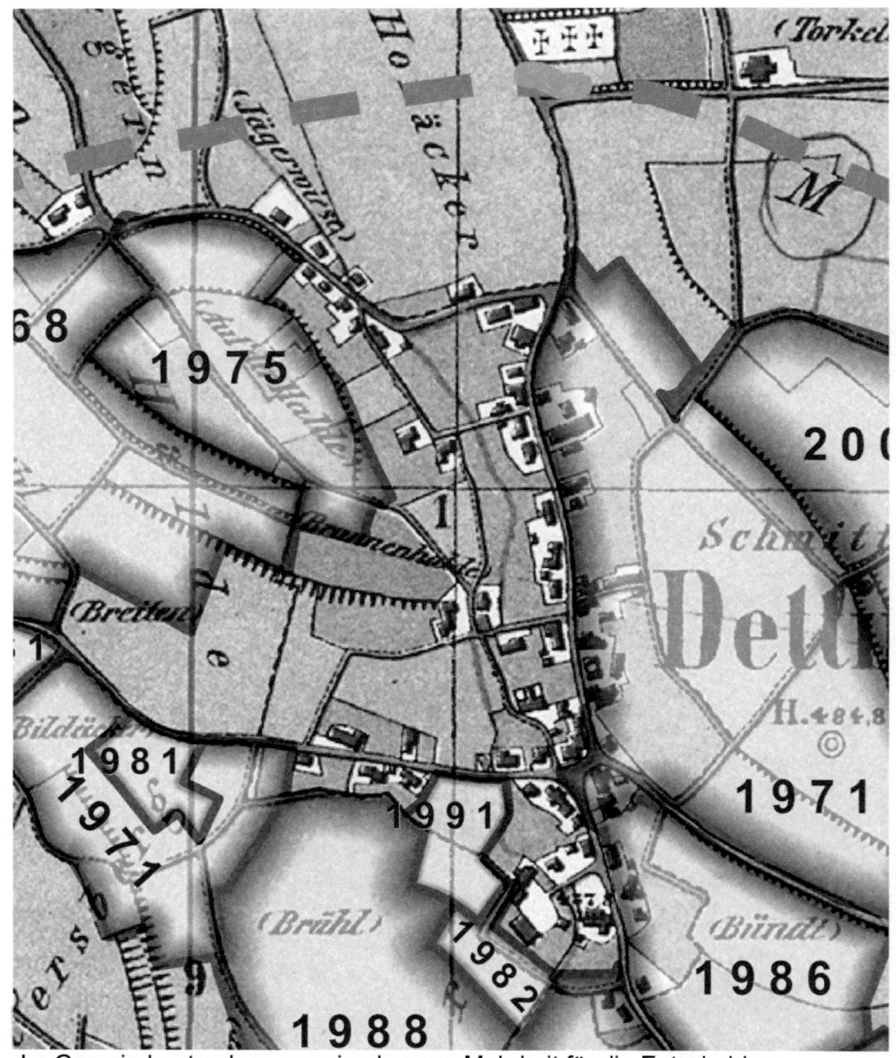

Im Gemeinderat gab es nur eine knappe Mehrheit für die Entscheidung, jeweils beidseitig der Straßen Gehwege anzulegen. Dazu waren natürlich Geländeabgaben auf möglichst freiwilliger Basis von den Straßenanliegern erforderlich. Ein hartes Stück Überzeugungsarbeit für die Gemeindeverwaltung.

Die Gemeinderäte mussten von Haustür zu Haustür Überzeugungsarbeit leisten

Um den Bestand fast jeder Dunglege (Stallmisthaufen) und jeder noch so kleine Gartenmauer wurde dabei von den Anliegern gekämpft.

Das Verfahren zog sich hin. Im Februar 1969 - an Fasnacht - hat Bürgermeister Weisshaupt im Gemeindeanzeiger seine Meinung dazu in Gedichtform geäußert:

Etzt kummed Gehweg de Butze (Butze= Allensbacherstraße)
hindere,
s'isch schwer, des wisset sogar die Kinderle.
Mischte-Mure, Gartehäger,
Schulhusplatz und Brunnetröger,
alles moss wahrscheinlich weiche,
bis zum Späth und bis zum Aichem.
Jedoch der Narr, der sait des klar,
zwei Gehweg, des wär wunderbar.
Konn Essigbom, konn Bretterverschlag,
soll hindere uns an dere Tat.
In schpätere Johr und des sei gseit,
Sorget zwei Gehweg für mehr Sicherheit!

Anmerkung:
Wie Recht der Bürgermeister hatte.
Die Schwierigkeiten zum beidseitigen Gehwegbau in der Allensbacherstraße stehen stellvertretend für den beidseitigen Gehwegbau in der ganzen Gemeinde entlang der Hauptverkehrsstraßen.

~

GA 28.1.1967

Öffentliche Fernsprechzelle in Dettingen.
Wir machen der Einwohnerschaft bekannt, dass in den nächsten Tagen eine Fernsprechzelle beim Gemeindehaus (Anmerkung: Neben der Bäckerei Kopp) benützbar wird.
Wir hoffen, damit der Einwohnerschaft eine schon längst gewünschte Einrichtung geschaffen zu haben.

~

GA 18.2.1967

Straßen- und Wegenamen betr.
Nachdem die Gemeinde in den vergangenen Tagen nun an den Straßen und Wegen in der Gemeinde die Namen

angebracht hat, ergeht die erneute Bitte an die Hausbesitzer, die von der Gemeinde gelieferten Hausnummern auch anzubringen.

~

GA 3.3.1967

Entfernung des Mastenwaldes in der Gemeinde.
Seit die Bundespost die Leitungen und Masten entfernt hat, macht das Ortsbild nun in seiner Gesamtheit einen besseren Eindruck.
Es ergeht deshalb auch die Bitte an die Einwohnerschaft, alte Zäune und Hage in Ordnung zu bringen.

~

GA 25.5.1968

Erholungsanlage Duttenbühl.
Einer der schönsten Aussichtspunkte auf unserer Gemarkung wurde nunmehr der Öffentlichkeit zugänglich gemacht und wir hoffen, dass die Anlage regen Zuspruch findet.

Blick vom Duttenbühl auf die Gemeinde:

Anmerkung:
Die Anlage fand und findet immer noch regen Zuspruch; von Einheimischen und von Wanderern.

~

GA 6.7.1968

„Tag der offenen Tür" beim Kindergarten.
Auf vielseitigen Wunsch wird den Einwohnern am Mittwoch, den 10. Juli Gelegenheit gegeben, den neu erbauten Kindergarten in Dettingen zu besichtigen.

Der neue Kindergarten.

~

GA 7.9.1968

Betr. Verenafest
An der neuen elektronischen Orgel, die hierbei wohl zum ersten Mal in ihrer ganzen Klangfülle zu hören sein wird, begleitet Winfried Brodmann den festlichen Gottesdienst.
Die Festmesse steht unter der Leitung des neuen Schulleiters, Oberlehrer Helmut Gloger.

~

GA 15.3.1969

Neuigkeiten in der Gemeinde.
Die Schulhaus- und Sporthallenplanung ist fertiggestellt.
Die Baukosten werden rund 3 Millionen DM betragen.

Der Hafenausbau in Wallhausen ist in vollem Gange.
Die Ufermauer, sowie die Auffüllung sind geschafft.

Die Gemeinde baut das Strandbad weiter aus.
Insbesondere ist zu erwähnen, dass zwei 50 m lange, mit Betonplatten belegte Stege ins Wasser verlegt werden.
Das Gebäude am Badeplatz wird vergrößert.

~

GA 3.5.1969

Vergrößerung des Fabrikbetriebes Schiesser.
Die Firma Schiesser sucht dringend Arbeitskräfte.
Dieser Betrieb liegt, wie alle anderen Betriebe in der Gemeinde, im Gemeindeinteresse.
Wir sollten solche Betriebe unterstützen und auch in Bezug auf die Arbeitskräfte helfen. Die sozialen und betriebsklimatischen Verhältnisse sind unseres Erachtens sehr gut.
Der Bürgermeister

Anmerkung:
Es waren die Zeiten der Vollbeschäftigung

GA 18.4.1970

Gemeinderatsitzung.
Am kommenden Donnerstag findet eine öffentliche Sitzung des Gemeinderates statt; Beginn 20.00 Uhr auf dem Rathaus.
Wir geben dies deshalb bekannt, weil in dieser Sitzung zum ersten Mal konkrete Pläne in Bezug auf das Erholungszentrum Wallhausen besprochen werden.
Wir nehmen an, dass gerade für diesen Punkt großes Interesse in der Öffentlichkeit besteht.
Weißhaupt, Bürgermeister.

Anmerkung:
Bürgermeister Weißhaupt- voller Tatkraft und Visionen- hatte die Idee, zwischen Wallhausen und Dingelsdorf ein großes, überörtliches Freizeit und- Erholungszentrum zu schaffen.

Er glaubte, dass nach Fertigstellung der Autobahn von Stuttgart zum Bodensee die Bodenseelandschaft zumindest an den Wochenenden von Touristen überschwemmt werde.
Aus Gründen des Landschaftsschutzes und aus finanziellen Gründen blieb das Projekt dann aber in den Anfängen stecken.
Außerdem nahm der Touristenstrom nicht die befürchteten Ausmaße an, ausgenommen an Tagen mit sommerlichem Badewetter.

~

GA 29.5.1970

Der Ausbau des Hafens Wallhausen ist abgeschlossen.
Hafenfest in Wallhausen vom 25.5. - 31.5. 70

Hafen Wallhausen vor dem Ausbau ca. 1968

Hafen Wallhausen nach dem Ausbau, Bild 1976

~

GA 5.6.1970

Im Gemeinde-Haushaltsplan veranschlagt:
150.000 DM für Umbau und Ausbau des Rathausgebäudes.

Anmerkung:
Ein Vorhaben, das dann bis zur Verwirklichung, bedingt durch die kommunalpolitische „Umwälzung" im Jahre 1975, noch 35 Jahre benötigte.

~

GA 10.10.1970

Postomnibusverkehr.
Wir haben bereits im letzten Gemeindeanzeiger auf die Verbesserung der Postbusverbindungen hingewiesen.
Seit Jahren wurde eine bessere Busverbindung nach Konstanz gefordert.

Wenn nun die Busse schlecht frequentiert sind, hat die Bürgerschaft das Wiederabsetzen der Kurse selbst zu vertreten.
Weißhaupt, Bürgermeister

Anmerkung:
Es verkehrten werktags 8 Kurse zwischen Dettingen/ Wallhausen und Konstanz; teilweise auch in das Konstanzer Industriegebiet.

~

GA 11.12.1970

Bürgermeister Fritz Weißhaupt wurde bei hoher Wahlbeteiligung mit hoher Stimmenzahl für 12 Jahre wiedergewählt.

Der Bürgermeister in seinem Element.

Die Kirchengemeinden

Seit Jahrhunderten bis in die Nachkriegszeit, gab es in Dettingen nur die (römisch-) katholische Pfarrgemeinde. Die Reformation ging an dem Bauerndorf, fest eingefügt in die Strukturen des (katholischen) Deutschen Ritterordens, spurlos vorüber.
In der Gemeinde wohnten im Jahre 1940 nur drei nicht katholische Familien. Erst mit der kriegsbedingten Umsiedlung von Familien aus den vom Luftkrieg sehr stark betroffenen Städten und von Kriegsflüchtlingen vergrößerte sich die Zahl der nicht katholischen Einwohner.
Durch die seit Anfang der 1970er Jahre verstärkt einsetzende „Nord- Süd-Wanderung" in der Bundesrepublik, besonders auch in den Bodenseeraum, stieg die Zahl der evangelischen Einwohner stetig an.
In der Gemeinde wohnten

Jahr	Katholisch	Evangelisch	sonstige	gesamt
1957	1022	188	19	1229
1965	1230	417	56	1703
2005	1973	1054	1112	4139

GA 28.9.68

Einweihungsfeier des Evangelischen Gemeindehauses in Wallhausen.
Achtung Sänger: Der Männergesangverein Dettingen singt am Sonntag, den 6. Oktober um 10.00 Uhr zur Einweihungsfeier im evang. Gemeindehaus in Wallhausen.

Evangelische Kirchengemeinde

Nachfolgend ein kurzer Überblick über die Geschichte der evang. Kirchengemeinde Dettingen – Wallhausen, zur Verfügung gestellt von Pfarrerin Sigrid Süss - Egervari:

„Nach dem 2.Weltkrieg ziehen vermehrt Personen evangelischen Glaubens nach Dettingen und Wallhausen.

Bis 1964 werden die Evangelischen von dem Pfarrer in Wollmatingen mitbetreut, bzw. vom dort ansässigen Vikar. Für Gottesdienste und Konfirmandenunterricht müssen sie nach Wollmatingen gehen.

1964 wird die evang. Kirchengemeinde Bodanrück mit einer eigenen Pfarrstelle eingerichtet.
Dazu gehören neben Allensbach, Hegne, Liggeringen und Langenrain auch Dettingen, Wallhausen, Dingelsdorf und Oberdorf.
Dienstsitz des Pfarrers ist Allensbach.

In Dettingen und Dingelsdorf werden in den Schulhäusern Gottesdienste gefeiert; Konfirmandenunterricht findet in Privathäusern statt; verschiedene Gemeindeveranstaltungen in Gaststätten.

1963-1969 Pfarrer Werner Schellenberg

6.10.1968: Einweihung des Gemeindehauses in Wallhausen.

Den Plan, auch Kirche und eigenen Kindergarten zu bauen, wird aufgegeben.

1963- 1979 Pfarrer Heinrich Riehm
1979- 1993 Pfarrer Willi Hecker

1986 wird die Kirchengemeinde Wallhausen von Allensbach abgetrennt. Dazu gehören die Orte Dettingen, Dingelsdorf, Oberdorf und Wallhausen.
1991 bekommt die Gemeinde ihren ersten eigenen Pfarrer, Wilhelm Brüggemann (1991- 1999)

1993 Bau des Pfarrhauses in Wallhausen, unterhalb des Gemeindehauses.
1998 Renovierung des Gemeindehauses.
1996- 2000 Tätigkeit von Vikarin Breed
2000- 2002 Tätigkeit von Pfarrvikar Ulrich Zimmermann

Abtrennung der Ortsteile Dingelsdorf und Oberdorf (von nun an zur evang. Kirchengemeinde Litzelstetten gehörig) und Reduzierung der Pfarrstelle auf eine halbe Stelle.
Namensgebung für das Gemeindehaus: Jakobus-Gemeindehaus.

Umbenennung in „Evangelische Kirchengemeinde Dettingen- Wallhausen".
Seit 2002 Tätigkeit von Pfarrerin Sigrid Süss-Egervari."

Nachtrag: Am 12.10. 2008 Einweihung des Glockenturms beim Gemeindehaus, verbunden mit der 40 - Jahrfeier des Gemeindehauses.

Katholische Kirchengemeinde

Auf die Darstellung der seit Jahrhunderten währenden Geschichte der katholischen Pfarrgemeinde Dettingen wird hier verzichtet. Sie ist schon vielseitig dokumentiert.
Zuletzt vom Kath. Pfarramt Dettingen-Wallhausen in :
„200 Jahre Pfarrkirche St.Verena Dettingen-Wallhausen"
Festschrift anlässlich der Altarweihe zum Abschluss der Kirchenrenovation am Verenafest 1984

Titelbild der Festschrift 1984

~

1970 – 1975

Landesregierung plant Gemeindereform

Ab dem Jahre 1968 ging dieser Begriff um in den Gemeindeverwaltungen und Stadtverwaltungen in Baden- Württemberg.
Ein Begriff, der ja nach der Situation einer Gemeinde oder Stadt, Hoffnungen oder Befürchtungen weckte.

Die CDU Alleinregierung wollte durch eine kommunale Neugliederung mit Hilfe von Eingemeindungen und Gemeindezusammenschlüssen Einsparungen und Effizienzsteigerungen in den kommunalen Verwaltungen und anderen kommunalen Einrichtungen erreichen.
Außerdem sollten Planungen benachbarter Gemeinden aufeinander abgestimmt werden.
Dass dabei manchmal auch gleich noch politische Rechnungen beglichen wurden, sei dahingestellt.

Sk 21.7.1971

Der „Südkurier" berichtete sehr ausführlich über eine Bürgerversammlung in Dettingen.

Auszüge:
Dettingen-Wallhausen will auf jeden Fall seine Selbstständigkeit erhalten.
Ohne Gegenstimmen sprachen sich die Dettinger in einer Bürgerversammlung für die Selbstständigkeit ihrer Gemeinde aus.
Bei den meisten Diskussionsteilnehmern während der überaus gut besuchten Bürgerversammlung zeigte sich die Befürchtung, dass Dettingen zu einem Außenbezirk der Stadt Konstanz werde und die Stadt hier nur ein neues Industriegebiet erblicke.

Im Mittelpunkt der Versammlung stand nach dem Engpass in den vergangenen Tagen verständlicher Weise auch die Wasserversorgung der Gemeinde.
Es musste ein Beschluss des Gemeinderates vom Mai verwirklicht werden, Dettingen an das Wassernetz der Stadt Konstanz anzuschließen. (Anmerkung: Das war technisch möglich über die durch die Gemeinde verlaufende frühere Wollmatinger Wasserleitung.)

Dass die Wasserentnahme von Konstanz von vielen Bürgern als ersten Schritt zur Aufgabe der Selbstständigkeit angesehen wurde, zeigten die vielen Wortmeldungen zu diesem Thema.
Viele meinten, es handle sich dabei um „politisches Wasser“ oder schlugen gar vor, es auf jeden Fall wieder zurückzupumpen.

~

GA 2.2.1973

Zielplanung und Gemeindereform betr.
Allen Bürgerinnen und Bürger darf ich sagen, dass beim Innenministerium vorgesehen ist, Dettingen und Dingelsdorf nach Konstanz einzugemeinden.
Wir sind uns der Tragweite dieses Vorhabens bewusst und der Gemeinderat wird die notwendigen Schritte dagegen unternehmen.
Weißhaupt, Bürgermeister

Anmerkung:
Litzelstetten ließ sich schon am 1.12.1971 freiwillig nach Konstanz eingemeinden.

~

Am 7.2.1973 ging der „Südkurier“ ein weiteres Mal sehr ausführlich auf dieses Thema ein.

Auszüge:

Es gibt grundsätzlich für eine Zusammenarbeit mit Konstanz keine Ablehnung. Gerade der Dettinger Bürgermeister Weißhaupt hatte mehrfach betont, dass sich seine Gemeinde einer vernünftigen Zusammenarbeit mit Konstanz nicht verschließen werde, aber nicht so, wie es jetzt gemacht werden solle.
Was hätte Konstanz zu bieten?
Es ist interessant, sich der schon bestehenden Verflechtungen und der möglichen Formen einer Zusammenarbeit zu erinnern.

Die Stadt Konstanz bietet heute schon den Umlandgemeinden ihre kommunalen Einrichtungen zur Mitbenutzung an:
Über 80 Dettinger Schüler besuchen Konstanzer Schulen, und zwar die Sonderschule, die Realschulen und die Gymnasien.
Zum Stadttheater Konstanz fährt aus Dettingen ein Theaterbus.
Das Angebot öffentlicher Einrichtungen erstreckt sich natürlich auch auf die Krankenhäuser und auf das Kur- und Hallenbad. Konstanz ist für die Bürger von Dettingen- Wallhausen und natürlich auch von Dingelsdorf das nächste Einkaufszentrum.

Gutes politisches Klima
Politisch gesehen ist das Klima zwischen Konstanz und der Gemeinde Dettingen nicht mit Emotionen belastet. Der Konstanzer Gemeinderat hat sich mehrfach mit den Dettinger Gemeinderäten getroffen. Die beiden Verwaltungen stehen in ständigem Kontakt.
Ungenügend sind bis heute die Verkehrsverbindungen zwischen der Stadt und der rasch wachsenden Gemeinde. Die Landesstraße Wollmatingen- Dettingen ist stellenweise schmal und kurvenreich. Sie befindet sich derzeit im Ausbau.
Postbusverbindungen bestehen nur wenige Male am Tage. Doch die Verkehrsverbindungen werden immer wichtiger. Mehr und mehr weichen wohnungssuchende Konstanzer Bürger in die Landgemeinde aus. Eine Verbesserung des Nahverkehrs als natürliche Folge der Eingemeindung würde sicherlich von den Bürgern von Dettingen-Wallhausen begrüßt werden.

Soweit der Südkurier.

~

GA 2.3.73

Betr.: Bürgerinitiative gegen die Zielplanung für Konstanz und den Bodanrück.
Die Bürgerinitiative startet in diesen Tagen in unserer Gemeinde eine Unterschriftensammlung gegen die Zielplanung, nach der unsere Gemeinde in die Stadt Konstanz eingegliedert werden soll.
Die Unterschriftensammler sind gerne bereit, Ihnen Fragen zu beantworten. Unser Ziel ist eine weitgehende Information der Bevölkerung.
Weißhaupt, Bürgermeister

Anmerkung: Es bildete sich eine sehr aktive, Gemeinden übergreifende Initiative. Unter den „Aktivisten" befanden sich sehr viele Neubürger. Zu erwähnen ist hier besonders Ingeborg Hentschel und Roland Schöner.

Im Vordergrund: Ingeborg Hentschel und Roland Schöner

Pfingstmontag 1973: Protestversammlung der Einwohner gegen die Pläne der Landesregierung zur Eingemeindung nach Konstanz.

Am 8.4.73 konnten betroffene Gemeinden eine Bürgeranhörung zu der Zielplanung durchführen. Die Anhörung konnte nur ein „Stimmungsbarometer" sein; für den Gesetzgeber hatte das Ergebnis keine Bindungswirkung.
Bei einer Abstimmungsbeteiligung von 66% stimmten nur 10% für die Eingemeindung in das Hoheitsgebiet der Stadt Konstanz.

~

GA 8.6.73

Betr.: Zielplanung
Wir möchten die Bürgerschaft darauf aufmerksam machen, dass der Landtagsausschuss am vergangenen Montag die Vorberatung zur Zielplanung in Bezug auf unser Gebiet abgeschlossen hat.
Hierbei wurde die von uns angestrebte Einheitsgemeinde Dettingen- Allensbach abgelehnt. Es

bleibt also beim Regierungsentwurf, dass Dettingen nach Konstanz eingemeindet werden soll.
Der Gemeinderat wird sich am kommenden Mittwoch über die Lage unterhalten. Wir werden Sie über die Beschlüsse und Unternehmungen auf dem Laufenden halten.
Weißhaupt, Bürgermeister

~

GA 14.12.73

Bürgeranhörung zur Zielplanung
Die Landesregierung Baden-Württemberg hat für den Sonntag, 20.1.1974 eine Bürgeranhörung über die geplante zwangsweise Eingemeindung in die Stadt Konstanz angeordnet.
Nach Auswertung der Stellungnahmen der Gemeinden und der Ergebnisse der Bürgeranhörungen wird die Landesregierung die Gesetzesentwürfe abschließend beraten und zur Gesetzgebung dem Landtag zuleiten.
Anmerkung:
Die Bürgeranhörung wurde in allen Gemeinden, die von der Zielplanung zur Gemeindereform betroffen waren, durchgeführt.

Zum Abstimmungsergebnis in Dettingen- Wallhausen war dem „Südkurier" zu entnehmen:

Die am meisten umkämpfte Gemeinde in der Zielplanung auf dem Bodanrück war Dettingen-Wallhausen.
Umso klarer wirkt das Ergebnis: 91,2% der abgegebenen Stimmen lauteten gegen Konstanz.
Von den 1876 Wahlberechtigten gaben 1520 ihre Meinung ab. Dies entspricht einer Wahlbeteiligung von 81,1%.
Mit „Nein", also gegen die Eingemeindung in die Stadt Konstanz stimmten 1380 Bürger, das sind 91,2%.
Lediglich 137 Bürger, das sind 8,8% votierten für einen Anschluss der Doppelgemeinde an Konstanz.

Anmerkung:
Dieses Abstimmungsergebnis weckte nochmals große Hoffnungen in Dettingen. Doch der Gesetzesentwurf der Landesregierung für den Landtag

beinhaltete trotzdem keine Änderung der Planung für Konstanz und den Bodanrück.
Also ruhten die Hoffnungen der Gemeinde auf der Entscheidung des Landtages.

~

Kein Stillstand trotz Kampf um die Selbstständigkeit

Neben dem Kampf um die Selbstständigkeit ging die Entwicklung der Infrastruktur der Gemeinde mit derselben Zielstrebigkeit weiter.
Gemeindeanzeiger und „Südkurier" geben Auskunft.

GA 18.6.71

Weiterer Ausbau der Ortsdurchfahrt.
In der kommenden Woche wird der weitere Ausbau der Ortsdurchfahrt in Angriff genommen.
Es wird auf der Höhe des Rathauses begonnen und bis zum Gemeindehaus Knoblauch (Post, Friseur) ausgehoben und wieder eingekiest.

Anmerkung: Die Anbringung von beidseitigen Gehwegen war zwischenzeitlich auch im Dorf Standard geworden.
Diesem Straßenbau ist deswegen dann auch die sehr dekorative Rathaus-Außentreppe aus Platzgründen zum Opfer gefallen.

~

GA 20.8.71

Straßenplanung: Ortsumfahrung von Dettingen aus Richtung Langenrain (L220) und Allensbach (K6172).

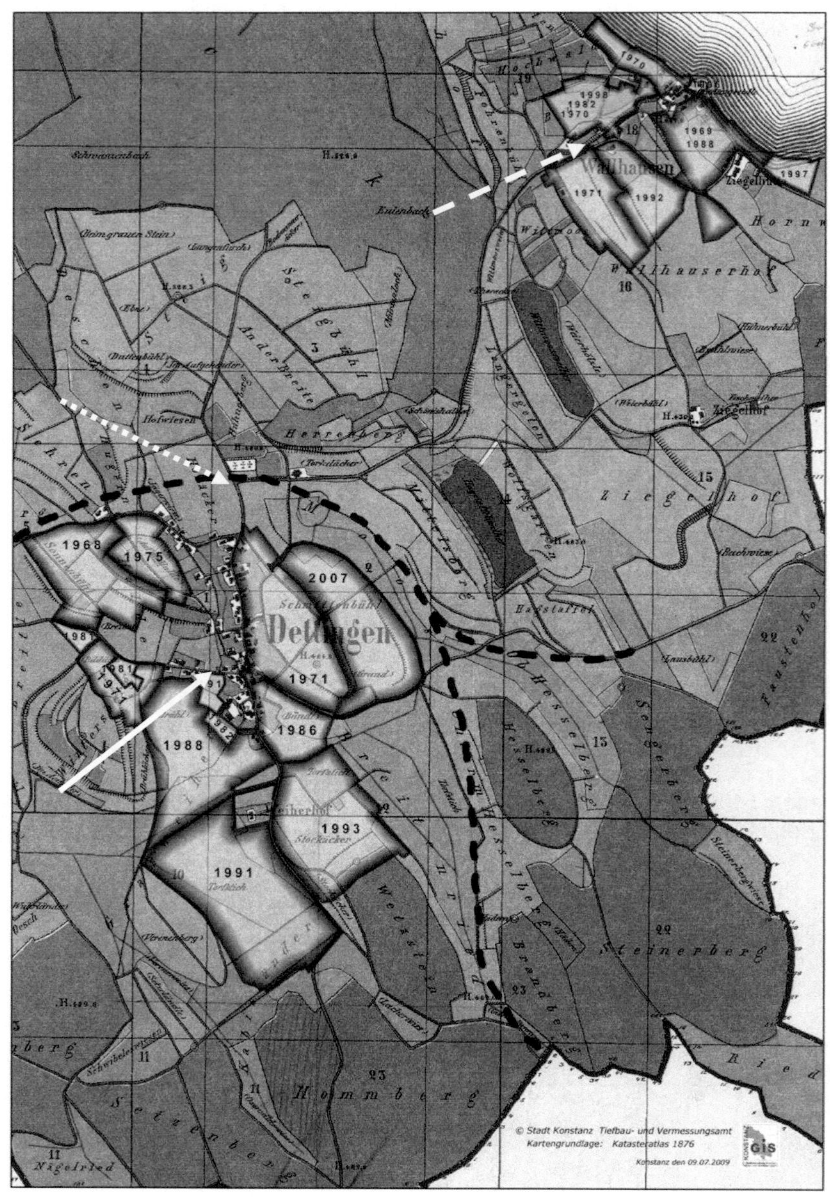

Der Lageplan aus dem Jahre 1876 zeigt die damalige Bebauung in Dettingen und Wallhausen entlang der Hauptstrassen.
Die Gemeinde war ein typisches Straßendorf.

Die damalige Bebauung in Dettingen markiert ein weißer Pfeil (durchgehende Linie); die Wallhauser Bebauung markiert ein weißer Pfeil mit gestrichelter Linie.
Die neuen Bebauungen – Beginn 1968 – umrahmen die alten Ortsteile.
Die Jahreszahlen in den entsprechenden Bereichen geben den Eintritt der Rechtskraft der Bebauungspläne, nicht deren vollständiger Bebauung wieder.
Plangebiet 1991 ist das Kleingartengelände Kabisland (unbebaut).
Plangebiet 1993 wurde zweimal – zuletzt im Jahre 1993 – erweitert. Der ursprüngliche Plan stammt aus dem Jahr 1952.
Plangebiet Schmidtenbühl 2007 ist noch unbebaut.

Der weiß gepunktete Pfeil zeigt auf die damals vorgesehene große Umfahrungsstraße von Dettingen hin.

Anmerkung: Geplant war, die über den Bodanrück von Langenrain kommende Landesstraße L220, die sogenannte „Bauernautobahn“, nördlich von Dettingen mit der aus Allensbach kommenden Kreisstraße K6172 „zusammenzubinden“ und den Verkehr dann weiträumig nordöstlich um Dettingen herum nach Konstanz zu führen. (Siehe Entwurfsplanung)

Aus heutiger Sicht eine „verrückte“ Idee, die aber dem damaligen Zeitgeist entsprach. Zum Glück besann man sich noch rechtzeitig darauf, dass nicht nur der Verkehr, sondern auch die Natur einen hohen Stellenwert besitzt.

Auch noch mehr als 20 Jahre danach waren dann allerdings manche lärmgeplagten Anwohner an den Durchgangsstraßen in Dettingen und Wallhausen enttäuscht, dass die Planungen endgültig zu den Akten gelegt wurden.

~

GA 11.6.72

Neues aus der Gemeinde
In den nächsten Tagen wird am Kinderspielplatz bei der Tankstelle ein öffentliches Telefonhäuschen erstellt

In den nächsten Tagen wird mit dem Abbruch der drei Häuser gegenüber dem Gasthaus Kreuz begonnen, so dass dort eine übersichtliche und verkehrsgerechte Kreuzung entsteht.

Anmerkung: Bei dieser Maßnahme musste leider auch der schöne Brunnen beim „Kreuz“ dem Verkehr weichen.

Die Gemeindeverbindungsstraße von Mühlhalden bis Kaltbrunn wird in nächster Zeit ebenso wie der Wuhrweg ausgebaut und mit einem Makadam- Belag versehen.

Anmerkung: Die wichtigsten Wirtschaftswege auf der Gemarkung wurden in diesen Jahren mit diesem sehr haltbaren Belag versehen.
Gut für die Landwirte und Spaziergänger, weniger gut für die Natur.
Die Versiegelung von Naturflächen wurde in diesen Jahren noch nicht so kritisch gesehen.

~

GA 1.12.72

Schul- und Turnhalleneinweihung
Am 9. und 10. Dezember 1972 wird die Gemeinde das neue Schulhaus und die Mehrzweckhalle mit einem großen Festprogramm einweihen.
Die gesamte Bevölkerung ist schon heute zu diesem Ereignis eingeladen.

Schulgebäude und Halle im Jahr 2005

~

GA 15.6.73

Neuigkeiten aus der Gemeinde
Am kommenden 1. Juli wird der nach Dettingen gewonnene Arzt Dr. Jaouni mit seiner Praxisarbeit beginnen.
Er hat seine Wohnung im Neubau neben dem Kindergarten bereits bezogen.
Wir glauben, dass bei der Größenordnung unseres Dorfes von einer guten Einrichtung gesprochen werden kann.

Anmerkung: Dr. Jaouni war ein guter, sehr beliebter Arzt. Nach ein paar Jahren war ihm allerdings das Dorf zu eng.
Er arbeitete seitdem im medizinischen Entwicklungsdienst in aller Welt.

~

GA 15.6.73

Der Gemeinderat wird am 28.6.73 zusammen mit ein paar Sachverständigen in einer Tagfahrt mehrere Hallenbäder in unserer näheren Umgebung besichtigen, um die Entscheidung in Bezug auf unser geplantes Hallenbad entsprechend treffen zu können.
Wir machen ausdrücklich darauf aufmerksam, dass der Gemeinde bis zum heutigen Tag niemand den Bau eines Hallenbades verboten hat.
Noch sind wir selbstständig und haben unsere Geschicke selbst zu bestimmen.
Der Bürgermeister

Anmerkung: Geplant war der Bau eines kleinen Hallenbades.
Standort sollte der Hang über dem jetzigen Schul- und Hallenparkplatz sein.
Es gab dann aber bald einen generellen Erlass der Landesregierung, dass Vorhaben mit erheblichen Folgekosten vor Abschluss der Gemeindereform nicht mehr begonnen werden dürfen.
Ein sicher sinnvoller Erlass. Damit hatte sich aber der Bau eines Hallenbades in Dettingen erledigt.

~

GA 24.8.73

Feuerwehrfest am 8. und 9. September 1973 betr.

Zu unserem Feuerwehrfest anlässlich der Übergabe des neuen Gerätehauses und Fahnenweihe, verbunden mit dem Treffen aller 9 Dettinger Feuerwehren in der Bundesrepublik Deutschland, laden wir die Einwohner herzlich ein.
Josef Deggelmann, Kommandant

Anmerkung: Das neue Feuerwehrgebäude steht an der Stelle des im Sept. 1970 abgebrannten Farrenstalls.
Ein Farrenstall wurde nicht mehr benötigt, da die künstliche Besamung für die Viehzucht auch in Dettingen üblich wurde. Außerdem ging die Viehzucht in der Gemeinde immer stärker zurück.
Die Landwirtschaft verlor stark an Bedeutung und der Traktor ersetzte jetzt das Kuhgespann.

Wohl selten waren der Konstanzer Oberbürgermeister Dr. Eickmeyer (Mitte) und Dettingens Ortsvorsteher Griesmeier (links) von so vielen Feuerwehrkommandanten umgeben, wie beim Jubiläumstreffen in der Bodanrückgemeinde. Vierter von rechts der Zugführer der einheimischen Wehr, Peter Restle.

Neun Feuerwehren feierten beim Jubiläumstreffen in Dettingen

(Bild vom Treffen 1991) Sechster v. rechts: der langjährige Kommandant Josef Deggelmann

Anmerkung zur Feuerwehr: Es gibt in der Bundesrepublik 9 Ortschaften mit dem Namen Dettingen. Alle sind in Süddeutschland gelegen.

Josef Deggelmann, der jahrzehntelange Kommandant der Dettinger Feuerwehr schaffte es, dass es reihum ein jährliches Treffen der Wehren in den 9 Orten gab und weiterhin gibt.

~

GA 5.10.73

Kindergarten im Ortsteil Wallhausen.
Am Montag, dem 15.Oktober 1973 wird der neue Kindergarten im Ortsteil Wallhausen eröffnet.
Ab diesem Zeitpunkt ist es möglich, alle Kinder in der Gemeinde vom 3.- 6. Lebensjahr in einem der beiden Kindergärten in Wallhausen oder Dettingen ohne Wartefrist sofort aufzunehmen.

Anmerkung:
Die Gemeinde war auch vorbildlich in der Schaffung von Kindergartenplätzen.

~

GA 30.11.73

Betr: Privatanzeige
„Das große Ereignis in Dettingen- Wallhausen:
Dettingen hat jetzt seinen Supermarkt.
Anläßlich des 110-jährigen Geschäftsjubiläums eröffnet O K L E diesen zeitgemäßen Markt.

PRIVATANZEIGEN

Das grosse Ereignis in Dettingen-Wallhausen:

Dettingen hat jetzt seinen

S U P E R M A R K T

Anlässlich des 11o-jährigen Geschäfts-jubiläums eröffnet O K L E diesen zeit-gemässen Markt, mit Frischfleischabteilung und Käsehütte.
Aus dem Eröffnungsangebot, das allen Haus-halten zugeht, ersehen Sie, dass bei diesen Nettopreisen und Sonderangeboten die Fahrt nach auswärts uninteressant wird; zumal Sie alle Einkäufe über DM 3o,-- täglich ins Haus geliefert bekommen!
Am Freitag und Samstag sollten Sie kommen - ohne Kaufzwang schon wegen der Über-raschungen !
Sie erhalten jetzt auch KOPP'S Bauernbrot bei uns.
Hinweis: Ihre Rabattmarken lösen wir bis zum 15. Dez. im neuen Geschäft noch ein.

==============

Anmerkung:
Die Erstellung des großen Gebäudes an der Allensbacherstraße durch die Kaufmannsfamilie Okle mit der Vielfachnutzung als Supermarkt, Praxen für Ärzte, Massagen und Krankengymnastik, für Apotheke, Postamt und Chem. Reinigung nebst 10 Wohnungen bedeutete einen Riesenschritt vorwärts in der Entwicklung der Infrastruktur der Gemeinde.
Dazu gehörte viel Mut.
Aber das Talent und die Liebe zum Handel liegt der Familie Okle im Blut.
Joh. Baptist Okle betrieb schon Mitte des 19.Jahrhunderts Handel mit Holz und Durben (Torf) mit einem Pferdefuhrwerk nach Konstanz.
Die Einheirat von Joh. Baptist Okle in den seit 1863 bestehenden kleinen Dorfladen der Pauline Dullenkopf hinter dem Gasthaus Kreuz ergab sich fast zwangsläufig!
Die erste Erweiterung des kleinen Kaufladens wurde bald erforderlich.
Der Kundenkreis des Kaufhauses Okle wuchs durch viele Kunden auch aus den umliegenden Ortschaften.
Der Sohn Urban Okle vergrößerte im Jahr 1930 die Verkaufsräume auf 2 Etagen.

Bild aus dem Jahr 1936
Von 1863 bis 1973 hinter dem Gasthaus „Kreuz“

Als Sohn Hans Okle mit 19 Jahren aus der Kriegsgefangenschaft heimkehrte, bildete dieser sich zu einem sehr versierten Kaufmann mit Weitblick aus. Das Ergebnis zeigt sich u. a. heute mit dem stolzen Bauwerk an der Allensbacherstraße!

~

Gemeindereform: Der Landtag entscheidet

Landtag von Baden-Württemberg

6. Wahlperiode

58. Sitzung

Stuttgart, Dienstag, den 25. Juni 1974 · Haus des Landtags

Abwesend: Dr. Schröder (krank)

Am Regierungstisch:

Ministerpräsident Dr. Filbinger
Kultusminister Dr. Hahn
Innenminister Schiess
Justizminister Dr. Bender
Finanzminister Gleichauf
Minister für Wirtschaft, Mittelstand und Verkehr, Dr. Eberle
Minister für Ernährung, Landwirtschaft und Umwelt, Dr. Brünner
Minister für Arbeit, Gesundheit und Sozialordnung, Annemarie Griesinger

---

Beginn der Sitzung 10.05 Uhr — **Ende der Sitzung 22.46 Uhr**

TAGESORDNUNG

	Seite
Eröffnung — Mitteilungen des Präsidenten	3817

Fortsetzung der **Zweiten Beratung der Gemeindereformgesetze**

a) Zweite Beratung des Entwurfs eines Gesetzes zur **Reform der Gemeinden in der Region Hochrhein (Gemeindereformgesetz Hochrhein)** — Drucksache 6/4404

mit dem Antrag des Ausschusses für Verwaltungsreform — Drucksache

Betrachtete man die politische Konstellation, so hatte die Gemeinde keine guten Karten!

Auf der einen Seite die konservative Regierungsmehrheit und die vehement um Dettingen- Wallhausen kämpfende Stadt Konstanz; auf der anderen Seite eine gut geführte Gemeinde mit einem tüchtigen sozialdemokratischen Bürgermeister!
Die vorliegenden Protokolle des Landtages und später des Staatsgerichtshofes Baden- Württemberg lassen diese Einschätzung zu.

Nachstehend eine kurze Zusammenfassung der Debatte in der entscheidenden Sitzung des Landtages.

Vorab eine **Erklärung der Begriffe**:

Verwaltungsraum: Eine Zusammenfassung von zwei und mehr Gemeinden unter dem „Dach“ einer größeren Gemeinde.

Beispiel:
Der Verwaltungsraum Konstanz umfasst die Stadt Konstanz und die zwei **Teilverwaltungsräume** Allensbach und Reichenau.

Der Teilverwaltungsraum Allensbach besteht aus der Gemeinde Allensbach mit den Ortschaften Hegne, Kaltbrunn und Langenrain/Freudental.

Der Teilverwaltungsraum Reichenau besteht aus der Gemeinde Reichenau (Insel und Festlandteil).

Die Teilverwaltungsräume sind gegenüber dem „Zentralort“ praktisch selbstständig.
Nur Gemeindegrenzen überschreitende Planungen müssen innerhalb des Verwaltungsraumes miteinander abgestimmt werden.

Beispiel: Allensbach und Reichenau sind gegenüber der Stadt Konstanz weitestgehend selbstständig.

Die Ausgangssituation für den Landtag:

1. Der Beschluss der Landesregierung Baden-Württemberg sah vor, die Gemeinden Dettingen und Dingelsdorf in die Stadt Konstanz einzugemeinden

2. Die FDP/DVP (DVP = Deutsche Volkspartei) beantragte eine Zusammenfassung der Gemeinden Dettingen und Dingelsdorf zu einem Teilverwaltungsraum im Verwaltungsraum Konstanz.

3. Die SPD beantragte, einen Teilverwaltungsraum Dettingen im Verwaltungsraum Konstanz zu bilden und die Gemeinde Dingelsdorf, so wie sie es wünschte, in die Stadt Konstanz einzugemeinden.

Die Diskussion:

Der FDP/DVP – Abgeordnete Albrecht:
Seine Fraktion beantragt, dass die Gemeinden Dettingen und Dingelsdorf zu einer Gemeinde zusammengeschlossen werden und als Teilverwaltungsraum des Verwaltungsraumes Konstanz ausgewiesen werden.
Zunächst müsse man aber die Frage stellen, ob Konstanz die Gemeinde Dettingen überhaupt brauche. Dettingen liege für Konstanz hinter einem Waldgürtel. Sie ist die stärkste Gemeinde auf dem Bodanrück. Es sei bekannt, dass Bürger von Konstanz und auch ein Teil der Stadträte keinen zwingenden Grund dafür sehen, Dettingen nach Konstanz einzugemeinden.
Man begründet es in der Regierungsvorlage mit der Siedlungsentwicklung von Konstanz damit, dass Konstanz diesen Raum benötige.
Da feststeht, dass die Weiterentwicklung von Konstanz weniger in den Raum Dettingen erfolgt, sondern mehr an den Verkehrswegen entlang der B33 und das Votum der Bürger von Dettingen eindeutig ist, sei die Verwaltungsgemeinschaft mit Konstanz eine gute Lösung.

Der Konstanzer CDU - Landtagsabgeordnete Viellieber vertrat den Standpunkt der Landesregierung:
Die Stadt Konstanz habe nur eine einzige Möglichkeit zur Ausdehnung; nämlich auf den Bodanrück!
Im Süden liege die Staatsgrenze zur Schweiz; im Westen und Osten der See und in der Entwicklungsachse entlang der Festlandsgrenze der Gemarkung Reichenau lägen Naturschutzgebiete.
Wenn man die starke Gemeinde Dettingen aus der Stadt Konstanz heraus lasse, sei Konstanz endgültig eingekreist!

Der SPD – Abgeordnete Erlewein:

Dettingen ist eine Gemeinde von etwa 4000 Einwohnern, eine Gemeinde, die - im Vergleich zu Gemeinden, für die die Mehrheit dieses Hauses bisher die Eigenständigkeit vorgesehen hat - zahlenmäßig, verwaltungsmäßig, organisatorisch und von der Leistungskraft her als eine eigenständige Gemeinde in der Zukunft ihren Aufgaben gerecht werden würde.

Dettingen sei, wenn man den gesamten Bodanrück beurteile, die Gemeinde, die als eine ausgesprochene Wachstumsgemeinde in den letzten Jahren die größten Leistungen erbracht und auch gezeigt habe, was man aus einer Gemeinde machen kann und zwar sowohl von der Dienstleistung der Verwaltung her als auch als auch von dem her, was die Bürgerschaft für ihre Gemeinde und in ihrer Gemeinde zu tun gedenkt.

Das komme letzten Endes auch in der am 20.Januar 1974 durchgeführten Bürgeranhörung zum Ausdruck. Hier ist - und das ist nicht die Regel - an diesem Tag mit einer Abstimmungsbeteiligung von 81% das Votum der Bürger mit 91% für die Selbstständigkeit ausgesprochen worden.

Von der räumlichen Trennung zu Konstanz her, von der Berücksichtigung der Entwicklungsfähigkeit und der Lage her ist die SPD - Fraktion der Auffassung, dass Dettingen durchaus als Teilverwaltungsraum von Konstanz im Gesamtverwaltungsraum Konstanz weiter existieren kann.
Deswegen der Antrag, der eine Trennung von Dettingen und Konstanz vorsieht und die Eingemeindung von Dingelsdorf, seinem Wunsch entsprechend, nach Konstanz vorsieht.

Der SPD – Abgeordnete Dr. Schieler:
Innenminister Schiess soll konkret sagen, warum die Gemeinde Reichenau und insbesondere deren Festlandsteil, der unmittelbar mit Konstanz verbunden und zusammengewachsen ist, selbstständig bleiben kann und man sich auch bei Allensbach für die Selbstständigkeit entschieden hat, während bei der

Gemeinde Dettingen - Wallhausen, die weiter abgelegen ist, die Eingemeindung nach Konstanz vorgesehen hat.

Der SPD – Abgeordnete Erlewein:
Es ist ein Kuriosum, dass die Regierung nicht vorgesehen hat, dass der Landteil der Gemeinde Reichenau, der in den Stadtbereich von Konstanz hineinragt, eingemeindet wird.

Innenminister Schiess, CDU:
Die Landesregierung ist jetzt mehrmals angesprochen worden.
Die Frage der Ordnung des Bodanrücks als des Lebensraumes für die Stadt Konstanz sei sicherlich eine komplizierte und nicht einfache Sache.
Zunächst einmal sei festzustellen, dass Konstanz nach der Landesplanung als Oberzentrum ausgewiesen ist.
Es ist ein Oberzentrum, das nach Süden an die Schweiz, im Westen und Osten an den Bodensee grenzt.
Der einzige Entwicklungsraum für dieses Oberzentrum ist der Bodanrück.
Seine Forderung: Geben Sie bitte dieser Stadt Konstanz, die es in ihrer Entwicklung unsagbar schwer hat, den notwendigen Raum, den sie braucht.
Zur Reichenau:
Die Landesregierung hat immer und überall erklärt, dass wir die Gemarkung der Gemeinde Reichenau durch eine Feinabgrenzung auf dem Festland verändern müssen.
(Anmerkung: Ist bis heute nicht erfolgt!)

Die Abstimmung:

Bei der Abstimmung wurde der Antrag der FDP/DVP wie auch der Antrag der SPD mit der Regierungsmehrheit von 64 zu 51 Stimmen abgelehnt.
Damit war die Regierungsvorlage gebilligt.
Die Eingemeindung von Dettingen in die Stadt Konstanz war damit beschlossen.

~

Letzte Hoffnung: Der Staatsgerichtshof

Mit dem Beschluss des Landtages zur Eingemeindung war für die Gemeinde das Kapitel „Gemeindereform" und der Kampf für die Selbstständigkeit noch nicht beendet.
Sie nahm sich einen fachkundigen Anwalt und erhob vor dem Staatsgerichtshof Baden-Württemberg eine Normenkontrollklage gegen den Beschluss des Landtages.
Die Stadt Konstanz trat dem Verfahren als Gegenpartei bei.
In der Verhandlung vor dem Staatsgerichtshof am 28.Februar 1975 vertrat der Vertreter der Stadt Konstanz- nachweislich der Wortprotokolle- mit großem Nachdruck den Standpunkt, dass die Stadt Konstanz zu ihrer weiteren Entwicklung dringend die Gemarkungsflächen der Gemeinde Dettingen-Wallhausen benötigt.
Diese Argumentation machte sich der Staatsgerichtshof zu Eigen; die Klage der Gemeinde wurde abgewiesen.

Die Argumente des Staatsgerichtshofes (Auszüge):

Der Kernsatz des Urteils lautet: Die Eingliederung der Gemeinde Dettingen- Wallhausen nach Konstanz ist mit der Landesverfassung vereinbar.
Die Eingliederung der Antragstellerin (Anmerk.: die Gemeinde Dettingen) in die Stadt Konstanz ist durch Gründe des öffentlichen Wohls gerechtfertigt.
Das der Eingliederung zu Grunde liegende Ziel, nämlich die funktions- und strukturgerechte Entwicklung der Stadt Konstanz zu gewährleisten, ist ein Gemeinwohlbelang, um Konstanz als Oberzentrum zu sichern und um damit dem Bodenseegebiet einen leistungsfähigen urbanen Punkt zu geben, der mit seinem Angebot an hochwertigen zentralen Einrichtungen und Dienstleistungen der Bevölkerung dient.

Anmerkung: Insgesamt lässt das Urteil erkennen, dass der Staatsgerichtshof mit seiner Entscheidung nur der Argumentation der Stadt Konstanz gefolgt ist. Aber wer hätte je gedacht, dass die Gemeinde Dettingen die Position der Stadt Konstanz als Oberzentrum absichern muss!!!

~

Dettingen- Wallhausen wird Stadtteil von Konstanz

E I N L A D U N G

Sehr geehrte Damen und Herren!

Am Dienstag, 22. April 1975, wird die Eingliederung der Gemeinde Dettingen nach Konstanz rechtskräftig. Aus diesem Anlaß berufe ich den Gemeinderat gemäß § 34 der Gemeindeordnung für Baden-Württemberg hiermit zu einer

öffentlichen Sondersitzung

ein.

Die Sitzung findet am 22. April 1975 in der Mehrzweckhalle im Stadtteil Dettingen statt. Sie beginnt um 17.30 Uhr (Fahrtmöglichkeit mit Bus siehe Fahrplan auf der Rückseite).

Im Anschluß an die Sitzung gegen 19.00 Uhr findet ein gemeinsames Abendessen im Gasthof "Bodensee" in Wallhausen statt, zu dem ich Sie herzlich einlade.

Mit vorzüglicher Hochachtung

Konstanz, den 16. April 1975
DER OBERBÜRGERMEISTER
gez. Dr. Helmle

Für die Richtigkeit:

STÄDT. HAUPTAMT

(Sieber)

Erläuterungen zur Tagesordnung für die Gemeinderatssitzung
am 22. April 1975

Öffentliche Sitzung

1. Begrüßungsworte des Oberbürgermeisters

2. Verpflichtung des Ortsvorstehers von Dettingen

3. Bebauungsplan Flugplatzgelände

   Die Vorlage wird nachgereicht

4. Festlegung des Wahltages der Kommunalwahl in Konstanz

   Der Gemeinderat wurde in der Sitzung vom 3.4.1975 darüber informiert, daß erst der Gemeinderat, dem auch die Übergangsgemeinderäte von Dettingen angehören, den Wahltag bestimmen kann. In der Sitzung vom 3.4.1975 hat sich der Gemeinderat dafür ausgesprochen, daß der 8. Juni 1975 als Wahltermin angestrebt werden sollte. Dieser Termin läßt sich jedoch nur aufrechterhalten, wenn der Druck der Wahlbenachrichtigungskarten bereits vorher in Auftrag gegeben wird. Nach telefonischer Rücksprache mit den Fraktionsvorsitzenden wurde der Auftrag erteilt. Der Gemeinderat wird daher gebeten, den 8. Juni 1975 als Wahltag für die Kommunalwahl in Konstanz zu bestimmen.

5. Erstreckung der Bekanntmachungssatzung der Stadt Konstanz auf den Stadtteil Dettingen

   Siehe Anlage

6. Wahl der stellvertretenden Ortsvorsteher von Dettingen

   Der Gemeinderat der Gemeinde Dettingen hat in seiner Sitzung vom 10. April 1975 beschlossen, die beiden bisherigen Bürgermeister-Stellvertreter auch als Vertreter des Ortsvorstehers dem Gemeinderat wie folgt vorzuschlagen:

   1. Stellvertreter

      Herr Konstantin Hornstein, Schuhmachermeister

   2. Stellvertreter

      Herr Albert Griesmeier, Oberstudienrat

Die neuen Konstanzer Stadträte aus Dettingen: von links Claus Keller, Helmut Gloger, Albert Griesmeier in der Mehrzweckhalle in Dettingen.

1975 – 1985

Die neue Rolle: Dorf und Stadtteil

GA 19.9.1975

Die Bürgerinitiative (BI) und der Arbeitskreis für Umweltschutz (AKU) informieren:
Ab 28.9.75 gilt der neue Busfahrplan.
Bitte benutzen Sie die neuen Buslinien, so oft es Ihnen möglich ist.
Schon in 20- 25 Minuten sind Sie mit der Linie 13 an der Marktstätte in Konstanz.

Anmerkungen: Der große, aber eigentlich einzige Vorteil der Eingemeindung für die Bürger war und blieb, neben der Wasserversorgung, die sehr verbesserte Verkehrsanbindung an die Kernstadt Konstanz.

Die BI entstand als Initiative im Ringen um die Erhaltung der Selbstständigkeit der Gemeinde im Zusammenhang mit der Gemeindereform. Initiatorin und engagierte Leiterin war Ingeborg Hentschel; den Arbeitskreis für Umweltschutz leitete Brigitte Bergmann; damals in diesem Bereich an der Uni Konstanz ebenfalls sehr aktiv.
Auch nach der Eingemeindung in die Stadt Konstanz blieben die beiden Initiativen - nun im Bereich des Schutzes der Umwelt - weiterhin sehr aktiv.
Die BI wurde für ihre besonderen Leistungen im Jahre 1991 sogar mit dem Landes- Umweltpreis ausgezeichnet.

~

Ausbau von Verkehrswegen

Sk Dez. 1978:

Nach zweijähriger Bauzeit wurde die Ortsdurchfahrt Wallhausen mit zwei Gehwegen im Sommer fertig gestellt.

Ebenfalls nach zweijähriger Bauzeit wurden die Ausbauarbeiten an der Landesstraße zwischen Dettingen und Wallhausen abgeschlossen.
Zufriedenheit herrscht in der Doppelgemeinde vor allem darüber, dass im Zuge der Ausbauarbeiten

zugleich ein Fuß-, Rad- und Wirtschaftsweg parallel zur Straße geschaffen wurde.
Damit ist ein lange gehegter Wunsch der Bevölkerung in Erfüllung gegangen.

~

Sk 27.2.1980

Kein Erdgas für die Vororte.
Stadtwerke: Investitionskosten liegen zu hoch.
Der Oberbürgermeister: Eine wirtschaftliche Lösung der von vielen Bürgern gewünschten Heranführung des Erdgases nach Dettingen-Wallhausen, sowie nach Dingelsdorf und Litzelstetten ist vorerst nicht zu realisieren.

Anmerkung: Der Ortschaftsrat nahm diese Entscheidung nicht hin.
Er erinnerte die Stadt Konstanz daran, dass seinerzeit das Argument, Dettingen-Wallhausen sei von der Kernstadt aus einfach zu versorgen, wesentlich zum Eingemeindungsbeschluss beigetragen hat.
Es dauert aber trotzdem noch über 10 Jahre, bis dann die Gasflammen auch in Dettingen und Wallhausen brannten.

~

Jahrzehntelanges Sorgenkind der Gemeinde: Die Wasserversorgung

Bis zum Bau der Hauswasserleitungen in Dettingen im Jahre 1901 und in Wallhausen im Jahre 1902 gab es in Dettingen drei und in Wallhausen einen öffentlichen Brunnen zur Wasserentnahme für den Haushalt und zur Viehtränke.
In Wallhausen stand außerdem mit dem damals wenig verbauten, meist flachem Ufer, der See zur Wasserentnahme und zur Viehtränke zur Verfügung.

In Dettingen gab es oberhalb des Friedhofs - heute noch vorhanden - ein Wasserreservoir, in dem das Grundwasser aus dem Höhenzug des Steigbühls und Duttenbühls gesammelt wurde.
In Wallhausen sammelte ein Reservoir das Grundwasser aus dem Bereich des Eulenbachwaldes oberhalb Wallhausens.

Mit dem Wachsen der beiden Ortsteile nach 1945 erhöhte sich natürlich auch der Wasserverbrauch.
Trotz dem Erschließen weiterer, leider nicht sehr ergiebiger Quellen in den oben genannten Bereichen, war die Wasserknappheit in den Sommermonaten ein ständiges Sorgenkind der Gemeindeverwaltung.
Die ergiebigsten Wasservorkommen auf der Gemarkung der Gemeinde lagen im Bereich des bewaldeten Höhenzuges oberhalb der Dobelmühle.
Die Rechte zum Nutzen dieses Wassers lagen jedoch seit langer Zeit bei dem Müller der Dobelmühle und den Müllern und Sägern aus Allensbach, die mit dem Mühlebach-Wasser aus dem Mühlhalder Weiher ihre Maschinen betrieben.
Der Mühlhalder Weiher wurde u. a. auch von dem oben genannten Wasservorkommen gespeist.

Haben die Wollmatinger den Dettingern das Wasser gestohlen???

Hierzu eine Erklärung für die jahrzehntelange Behauptung der Dettinger, die Wollmatinger hätten ihnen das Wasser gestohlen:
Im Jahre 1907 fing die damals noch selbstständige Gemeinde Wollmatingen an, ihre Wasserversorgung zu planen.
Auf ihrer eigenen Gemarkung gab es allerdings kaum Wasservorkommen.
Der Plan war, die Wasserquellen auf Dettinger Gemarkung, oberhalb der Dobelmühle in den eigenen Besitz zu bringen und das Wasser über eine Leitung nach Wollmatingen zu leiten.
Ein kühner Plan! Aber es war von den Höhenverhältnissen her möglich, das Wasser ohne Pumpwerk nach Wollmatingen zu bringen.
Die Gemeinde Wollmatingen konnte mit dem Eigentümer des Quellgebietes, der Bad. Forst- und Domäneverwaltung, einen entsprechenden Vertrag schließen.

Das Wasser dieser Quellen, das jetzt also nach Wollmatingen geleitet werden sollte, floss bisher jedoch in den Mühlhalder Weiher. Dieser Weiher konnte aus alten Rechten von den Allensbacher Müllern und Säger genutzt werden, die mit dem Wasser des Mühlebaches, der aus dem Mühlhalder Weiher gespeist wird, in Allensbach ihre Maschinen betrieben.
Außerdem nutzte Heinrich Wiest, der Müller der Dobelmühle, mit entsprechenden Wasserrechten dieses Wasser.
Nach längeren Verhandlungen und nach Entschädigungszahlungen der Wollmatinger an die betreffenden Müller und Säger erhielten sie im Jahre 1908 die Rechte zum Bau der Wasserleitung nach Wollmatingen.
Und sie bauten diese Leitung! Eine ziemliche Leistung in jener Zeit!
Der Müller der Dobelmühle musste, nachdem das Wasser nach Wollmatingen umgeleitet wurde, seine Mühle stilllegen.

Anmerkung: Er wurde mit 4000 Goldmark abgefunden und widmete sich fortan seiner Landwirtschaft.
Die Wollmatinger Leitung führt immer noch als „Reserveleitung“ quer durch den damals noch nicht bebauten, südwestlichen Ortsteil von Dettingen.

Quelle: Allensbacher Almanach 1995. Autor Richard Welschinger. Beitrag gekürzt.

~

Dokumentation einer „Durststrecke“

GA 28.6.1947

Schmiede betr.
Infolge des derzeitigen Wassermangels bin ich gezwungen, meine Werkstätte zu schließen.
Johann Meyer, Schmiedemeister

~

GA 16.4.1949

Betr. Wasserversorgung
Es kommt in letzter Zeit wiederholt vor, dass die höher gelegenen Anschlüsse der Wasserversorgung ohne Wasser sind. …

~

GA 2.7.1949

Die größte Sorge der Gemeindeverwaltung ist heute bei dieser Trockenheit die Wasserversorgung.

~

GA 11.11.1950

Die Erweiterung der Wasserversorgung betr.
… Wenn nicht wieder ab und zu Rohrbrüche in der alten Leitung auftreten, ist wohl die Wasserversorgung wieder für Jahrzehnte gesichert.

~

GA 10.5.1952

Betr. Wasserverbrauch
Es wird erwartet, dass zu Beginn der wärmeren Jahreszeit auch mit dem Wasserverbrauch nicht Verschwendung getrieben wird. …

~

GA 16.8.1952

Wasserversorgung Wallhausen betr.
Die vor zwei Jahren im „Märzenloch" neu gefasste Quelle wird an die Wallhauser Leitung angeschlossen. Damit sollte der Wassermangel in Wallhausen behoben sein.

~

GA 26.11.1953

Betr. Wasserversorgung
Nach einer Pause von 6 Wochen ist in der vergangenen Woche wieder Wassermangel aufgetreten. …

Anmerkung: Seit Jahren keine Lösung des Problems der Wasserversorgung!

~

Ein paar weitere Beispiele:

GA 21.5.1971

Polizeiverordnung:
Infolge der sehr schwierigen Verhältnisse in der Wasserversorgung wird auf Grund des Polizeigesetzes zur Aufrechterhaltung der Versorgung mit Trink- Koch und Versorgungswasser folgendes angeordnet:
Das Sprengen der Gartenanlagen und Rasen wird strengstens untersagt.
Das Waschen von Fahrzeugen wird untersagt.
Baustellen dürfen nach vorheriger Erlaubnis des Bürgermeisters nur das notwendigste Wasser entnehmen.
Zuwiderhandlungen werden ohne Rücksicht auf Person und Stand nach dem Ordnungswidrigkeitengesetz geahndet.
Der Bürgermeister als Ortspolizeibehörde

~

GA 10.6.1972

Neuigkeiten in der Gemeinde
Der Tiefbrunnen im Breitenried ist seit einigen Tagen in Betrieb, so dass wir von der Stadt Konstanz kein Wasser mehr benötigen.
Wir dürfen uns für das Verständnis der Stadt Konstanz, die uns während der Übergangszeit mit Wasser versorgte, bedanken.

Anmerkung: Die Stadt Konstanz hat Dettingen sehr gerne mit Wasser über die Wollmatinger Leitung versorgt. Es war „politisches" Wasser.
Für die Stadt Konstanz ein weiteres Argument, dass Dettingen unbedingt nach Konstanz eingemeindet werden muss, da die Gemeinde in der Wasserversorgung nicht selbstständig ist.
Auch der neu erstellte Tiefenbrunnen im Breitenried löste das Problem nicht.
Die Wasserqualität war unbefriedigend.

~

GA 15.6.1973

Wasser - Hochbehälter - Bau
In der kommenden Woche wird mit dem Bau des zweiten Hochbehälters im Gewann Steig auf dem Duttenbühl begonnen.
Dies bedingt, dass der beliebte Ausflugs- Platz beim Hochbehälter für längere Zeit gesperrt werden muss.
Wir bitten die Bevölkerung hierfür um Verständnis.

Anmerkung: Das Wasser vom Tiefenbrunnen Breitenried wurde zum Duttenbühl gepumpt.

~

GA 9.7.1976 (Im Jahr 1 nach der Eingemeindung)

Wasserversorgung in Dettingen- Wallhausen betr.
Wir wurden in den letzten Tagen immer wieder angerufen, wie es mit der Wasserversorgung in Dettingen und Wallhausen stehen würde.
Wir teilen mit, dass Dettingen- Wallhausen genügend Wasser hat. An irgendwelche Sparmaßnahmen ist nicht gedacht.
Eine Wasserzuführung von Konstanz findet nicht statt.

Anmerkung: Immer noch war die (jetzt) Ortsverwaltung trotz schlechterer Wasserqualität zu stolz, ihre Wasserversorgung an die Konstanzer Seewasserversorgung anzuschließen.

~

GA 14.4.1978 (Im Jahr 3 nach der Eingemeindung)

Umstellung der Wasserversorgung aus der Versorgungszone Purren betr.
Am Montag, 22.Mai 1978 wird in Dettingen und ab Dienstag, 23.Mai 1978 in Wallhausen umgestellt.

Anmerkung: Endlich siegte die Vernunft!
Andererseits musste erst eine gewisse „Schamfrist" verstreichen, bis man eingestehen wollte, dass die Dettinger das Konstanzer Wasser tatsächlich benötigten!
Die Versorgung der Gemeinde mit Wasser von hoher Qualität war jetzt gelöst.

Das große Wasserreservoir auf dem Purren oberhalb Litzelstetten wird vom Seepumpwerk Konstanz versorgt. Von dort fließt das Wasser im eigenen Gefälle auch in die Dettinger und Wallhauser Hochbehälter.

~

1250 – Jahr - Feier von Dettingen mit Eierlesefest 1982

Veranstaltungsprogramm

Donnerstag, 20. 5.	15.00 Uhr	Altennachmittag Mitwirkung der örtlichen Vereine (Konzert, Vorführungen, Lichtbilder, Filme)
Samstag, 22. 5.		Schulfest anläßlich des 10jährigen Bestehens der neuen Schule
	11.00 Uhr	Eröffnung einer Werk-, Kunst- und Zeichenausstellung
	14.00 Uhr	Kinderfest mit Spielen, Vorführungen und Unterhaltung
Sonntag, 23. 5.	10.30 Uhr	Eröffnung der Ausstellung zur 1250-Jahr-Feier und zum Eierlesen Alte Bilder und Fotos aus Dettingen und Wallhausen und von früheren Eierlesefesten, Geräte und Gebrauchsgegenstände aus dem alten Dettingen-Wallhausen
Montag, 24. 5.	20.00 Uhr	Vortrag: Aus der Geschichte von Dettingen und Wallhausen Referent: Prof. Dr. Helmut Maurer, Direktor des Konstanzer Stadtarchivs
Dienstag, 25. 5.	20.00 Uhr	Konzert: Operette – Musikals – Evergreens Ausführende: Unterhaltungsorchester Reichenau Leitung: Herbert Koch
Sonntag, 30. 5. – Pfingsten –	14.00 Uhr 15.00 Uhr	Historischer Umzug Historisches Theaterstück: »Der Überfall auf Wallhausen« von Georg Schnopp
Montag, 31. 5.	14.00 Uhr 15.00 Uhr	Historischer Umzug Historisches Theaterstück: »Der Überfall auf Wallhausen« von Georg Schnopp
	20.00 Uhr	Dorfabend mit Tanz

FESTSCHRIFT – ORTS-CHRONIK

Herausgegeben und zusammengestellt anläßlich der 1250-Jahr-Feier der Gemeinde Dettingen-Wallhausen in Verbindung mit dem Eierlesefest 1982 von Helmut Gloger

Anmerkung:
Die erste urkundliche Erwähnung von Dettingen (Tettingen, Tettinga) ist nicht eindeutig gesichert. Die 1250 Jahre sind mit einem Fragezeichen zu versehen! Aber was soll's; es war ein großes, gelungenes Fest.

Detail aus dem historischen Umzug

Bürgermeister Weißhaupt begrüßt die Festgäste

Vorne Mitte (gestreifte Krawatte): Ortsvorsteher Fritz Weißhaupt, rechts daneben Oberbürgermeister Horst Eickmeyer

Heimatdichter Georg Schnopp verfolgt von hoher Warte „sein“ Spiel

~

Der 1. Leonhardi-Ritt 1982

Als Anstoß zur Renovierung der Leonhardskapelle in Wallhausen und zu Ehren von Sankt Leonhard, des Schutzpatrons der Pferde, rief der Wallhauser Bürger Dr. Raphael Leonhardt den Leonhardiritt ins Leben.
Der erste Ritt fand am 7.11.1982 statt und wurde seither (fast) jährlich wiederholt.

Beim Ritt von Wallhausen zum Ziegelhof

Die Leonhardskapelle konnte schon bald mit großem Einsatz von Wallhauser Bürgern renoviert werden.

~

Radweg Dettingen- Wollmatingen

GA 14.7.1983

Die Ortsverwaltung macht die Bevölkerung von Dettingen-Wallhausen darauf aufmerksam, dass am Freitag, 22.7. 83 um 17.30 der Radweg Dettingen-Wollmatingen offiziell durch Herrn Oberbürgermeister Dr. Eickmeyer der Bevölkerung übergeben wird. Dieser Radweg ist gleich wichtig für unseren Doppelort wie aber auch für die Kernstadt Konstanz. Aus diesem Grunde laden wir alle interessierten Einwohner zur Übergabe herzlich ein.
Weißhaupt, Bürgermeister

Anmerkung:
Angeregt durch den begradigenden Ausbau der Landesstraße von Dettingen nach Wollmatingen mit den dabei anfallenden, nicht mehr genutzten Straßenteilen der alten Trasse, kam im Ortschaftsrat im Februar 1978 der Wunsch auf, diese Straßenstücke miteinander zu einem Radweg entlang der neu trassierten Landesstraße zu verbinden.
Gut gedacht, aber ein paar nicht zusammenhängende Straßenstücke ergeben noch keinen Radweg.

Aber die Idee war geboren und nicht mehr zu übergehen.

Im Oktober 1978 nahm dann die Stadt Konstanz zum ersten Mal Notiz von dem Wunsch der Dettinger nach einem Radweg.
Immerhin, im April 198o legte das Fachamt der Stadt Konstanz eine Entwurfsplanung für einen Radweg vor. Doch der Freude über die gelungene Planung folgte der Schrecken. Die Berechnung der Baukosten mit Geländeerwerb ergab eine Summe von 1,8 Mill. DM. Damit schien das Projekt erledigt.

Aber immerhin nahm die Stadt Konstanz die Baumaßnahme in ihre Finanzplanung auf und stellte einen Zuschussantrag beim Regierungspräsidium Freiburg.
Nach einer längeren Zeit geschahen dann plötzlich drei kleine Wunder:

- Bei den zuständigen Stellen kam die Einsicht, dass es viel billiger ist, den Radweg gleichzeitig mit dem Straßenbau anzulegen.
- Die Ausschreibung zum Radweg ergab dank der zu dieser Zeit günstigen Baupreise nur Baukosten von 900.000 DM.
- Die ursprünglich für einen späteren Zeitpunkt zugesagten Zuschüsse des Landes in Höhe von 50% der Baukosten standen plötzlich sofort zur Verfügung.

Angesichts dieser Sachlage war die Stadt Konstanz bereit, ihren Teil in Höhe von 450.000 DM ebenfalls beizusteuern.
Der Bau konnte beginnen!

~

1985- 1995

Vielseitige Dorfgemeinschaft

Trotz, oder gerade wegen der Eingemeindung in die Stadt Konstanz, bewahrte sich Dettingen - Wallhausen ein intensives und vielseitiges Gemeindeleben.

Das Dorffest

Es wurde 1985 auf Anregung von Helmut Gloger, dem ideenreichen Schulleiter, Chorleiter und Kommunalpolitiker als „Dettinger - Wallhauser Tag" ins Leben gerufen.
Das inzwischen dreitägige Fest auf dem Schulplatz, ab 1986 „Dorffest" genannt und von den örtlichen Vereinen ausgerichtet, fand rasch großen Anklang und findet seitdem jährlich im Juli statt.

Bild aus dem Jahr 1999: Beim Fassanstich von links Ortsvorsteher Albert Griesmeier, Rektor Günther Allgaier am Hammer und Rektor a.D. Helmut Gloger

~

Das Vereinsleben in Dettingen Wallhausen

In der Gemeinde bestehen über 40 Vereine und gesellschaftliche Gruppierungen, mit Schwerpunkten in den Bereichen Kultur, Religion, Sport, Politik, Musik, Brauchtum, Tourismus, Soziales, Bildung.
Es würde den Rahmen dieser Publikation sprengen, wollte man an sie alle an dieser Stelle gebührend vorstellen.
Die „Traditionsvereine" mit ihren weit zurückliegenden Wurzeln in der Gemeinde sollen aber hier „plakativ" erwähnt sein, soweit vorhanden mit den Titelbildern ihrer Jubiläums- Festschriften.

Vorangestellt sei allerdings kein Verein, sondern eine Chorgemeinschaft mit langer Tradition:

- **Kirchenchor St. Verena Dettingen**

Er besteht mindestens seit dem Jahre 1887. Seine Auftritte waren und sind nicht nur auf kirchliche Anlässe beschränkt.

Kirchenchorausflug 1954 nach Beuron Namen von links:
Rosa Riedle, Theresia Griesmeier, Theres Okle (geb. Hierling), Rosa Scheller (geb. Trummer), Friedolina Deggelmann, Wilhelm Hierling, Annelies Romer (geb. Schulter), Luise Maier, Brunhilde Wiest, Rita Fuchs, Franz Sauermann, Rosmarie Aichem (verdeckt), Liesel Riede Rosa Weltin, Antonia Ettwein, Pfarrer Zeller, Blanka Görig, Elisabeth Welte, Ludwina Dietrich, Rosa Hornstein, Agnes Jarmuzewski, Anna Mattes, Ignaz Schulter, Hans Jarmuzewski, Josefine Jarmuzewski (verdeckt), Frau Brodmann, Johann Jarmuzewski, Elfriede Kaibach, Pauline Hierling, Theresia Okle, Christel Schulter, Winfried Brodmann, Genoveva Bossart, Kind: Bärbel Brodmann

~

- **Musikverein Dettingen- Wallhausen**

Gegründet 1872

MUSIKVEREIN DETTINGEN-WALLHAUSEN

125 jähriges Jubiläum

Bergfest mit Bezirksmusikfest	*29. 5. - 1. 6. 97*
Jubiläumskonzert	*6. 9. 1997*

~

- **Männergesangverein Dettingen- Wallhausen**

(Jetzt: Gesangverein Dettingen mit dem Chor-Namen „Village - Singers“)
Gegründet 1898

Die aktiven Sänger im Jubiläumsjahr

Untere Reihe von links:
Helmut Gloger (Chorleiter), Julius Straub, Arnold Bossart, Reinhard Schroff, August Späth, Robert Schwarz, Otto Baumann, Hans Weltin (1. Vorsitzender)
Mittlere Reihe von links:
Werner Oligmüller, Rudolf Heisrath, Reinhold Halter, Rudolf Lupp, Hans Vogel, Karlmann Marte, Wilhelm Brüggemann, Hugo Welte
Obere Reihe von links:
Fritz Schulter, Roland Schönherr, Hans Kuppinger, Stefan Pister, Fritz Straub, Rudi Robusch, Manfred Assfahl, Wilhelm Hierling, Albert Griesmeier, Hans Jarmuzewski
Nicht auf dem Bild:
Johann Fritschi, Horst Knauth, Günter Dallinger

~

- **TSV Dettingen- Wallhausen**

Gegründet 1924

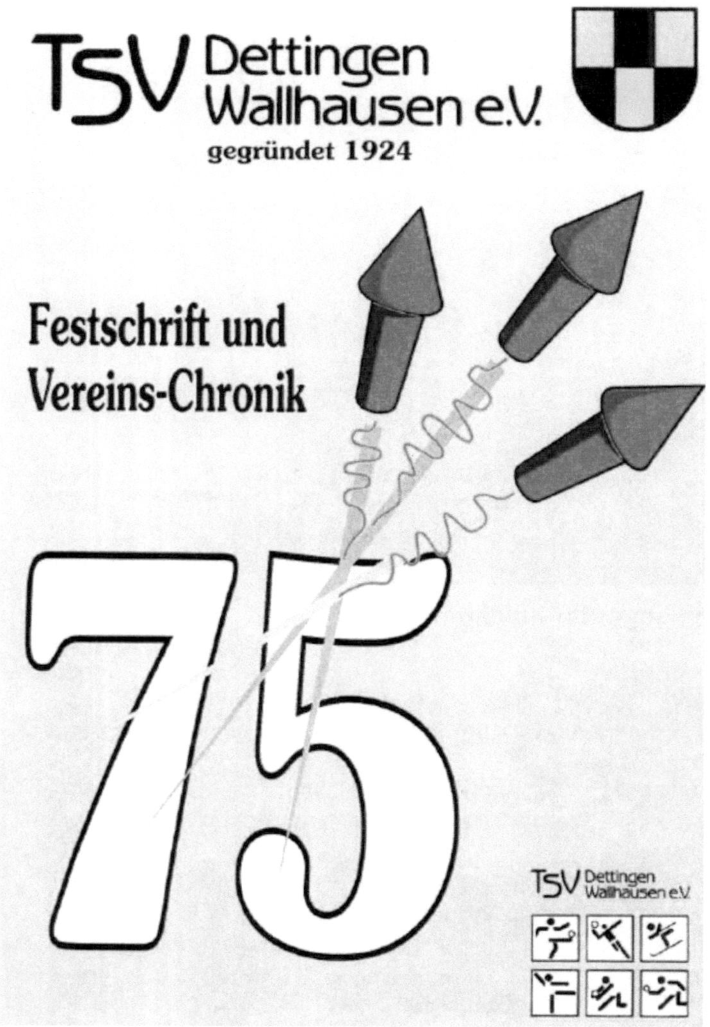

Der Verein in Dettingen – Wallhausen mit der größten Mitgliederzahl!

~

- **Radfahrverein Dettingen- Wallhausen**

Gegründet 1904
(Keine Festschrift) Gründungsurkunde:

Für die jüngere Generation die „Übersetzung":

„ Dettingen, den 11. September 1904

Am 11. September 1904 Nachmittag 3 Uhr wurde von den Radfahrer im Gasthaus zum Kreuz beschlossen einen Radfahrverein zu gründen Unter folgenden Paragrafen.

I. Zweck des Vereins.

§I. Zweck des Vereins ist, das für die Gesundheit, sowie für das praktische Leben, so sehr vorteilhafte Radfahren zu pflegen. ....."

§II beschreibt die Mitgliedschaft, §III die Pflichten im Verein

~

- **Freiwillige Feuerwehr Dettingen- Wallhausen**

Gegründet 1884

~

Und zuletzt, in ihrer Wichtigkeit aber nicht die Letzten!

- Narrenzunft Moorschrat

Gegründet 1963

~

Zähes Ringen

Sk 20.7.1985:
Pläne für erweiterte Aussegnungshalle
Jetzt scheint sie doch zu kommen, die lang ersehnte neue Aussegnungshalle.
Noch in diesem Spätjahr kann mit dem Umbau und der Erweiterung der schon lange unzulänglichen Dettinger Aussegnungshalle auf dem Dorffriedhof begonnen werden.
Das bisherige Gebäude soll in den künftigen Neubau einer Aussegnungshalle mit einbezogen werden.

~

Sk 24.12.1986
Schlichter Bau soll verschönert werden
Die neue Dettinger Aussegnungshalle ist trotz etlicher Rückschläge doch noch rechtzeitig vor dem einsetzenden Winter fertig geworden.
Nachdem die Außenanlagen mit einem Gesamtaufwand von rund 30.000 DM in Ordnung gebracht worden sind, geht es jetzt darum, Nebenräume und die Aussegnungshalle mit entsprechendem Mobiliar zu versehen.
Außerdem soll die Kapelle, die bisher noch etwas schmucklos wirkt, künstlerisch ausgestaltet werden.

Die 1986 erweiterte Aussegnungshalle

~

Langwierige Verkehrsfrage

SK 2.1.1986

Protest gegen Hochspannungstrasse

Während die Ministerien in Stuttgart und Bonn sich über das Schicksal der von der Gemeinde Allensbach geforderten Hochspannungstrasse offiziell ausschweigen, hagelt es vor Ort Proteste gegen eine B33 neu über den Bodanrück.

Anmerkung:

Die Frage der Trassenführung der Autobahn „B33 neu“, vom Hegau kommend, nach Konstanz führend, war viele, viele Jahre in der Diskussion: Ob seenah, also Ausbau der bestehenden Bundesstraße B33 oder Neutrassierung einer seefernen Straße über den Bodanrück zwischen Hegne und Dettingen, etwa dem Verlauf der Hochspannungstrasse folgend, war die Frage.

Letztlich setzten sich nach vielen Diskussionen, vielen Jahren und vielen Kompromissen die Befürworter der seenahen Straßenführung durch.

Bis zur Fertigstellung der Straße werden sicher nochmals viele Jahre vergehen.

~

Würdige Namensgebung

Sk 25.3.1987

Wenn die Taufe erst nach 15 Jahren ist
Eineinhalb Jahrzehnte wird nun schon gefeiert und geturnt in der Dettinger Mehrzweckhalle.
Errichtet noch in den Tagen, als die Bodanrückgemeinde selbstständig war, ist die Halle heute die größte derartige Räumlichkeit der Gesamtstadt. Während der ganzen Zeit hat es die Halle jedoch nie zu einem eigenen Namen gebracht.
Mit der Anonymität des Bauwerks soll es nun endlich vorbei sein. Einfach war die Namensgebung für den Ortschaftsrat jedoch nicht. Viele Namensvorschläge lagen vor.
Übrig blieb die „Kapitän-Franz-Romer-Halle".
Der berühmte Dettinger erfährt damit also seine zweite Ehrung in der Bodanrückgemeinde.
Nach seiner Straße wird es demnächst auch eine Halle seines Namens geben.

~

Sk 9.4.1987

Dettinger Rathaus-Ausbau keine Utopie
Niemand bezweifelt, dass die Doppelgemeinde bereits auf ein umfassendes Raumangebot zurückgreifen kann. Von der Mehrzweckhalle über das Vereinsheim in der alten Schule und dem Sitzungsraum in der Schule ist fast alles vorhanden.
Was wirklich fehlt, ist ein Veranstaltungsraum mittlerer Größe mit etwa 120 Plätzen.
Denn die riesige Mehrzweckhalle ist für viele Veranstaltungen zu groß.
Angeregt wird, die gewaltigen Raumreserven des nicht optimal genutzten Rathauses besser auszuschöpfen.

Anmerkung:

Der Rathausausbau mit geschätzten 2 Mill. DM Kosten stand in der Ortschaft auf der Wunschliste ganz, ganz oben.
Im Gegensatz dazu rangierte dieser Wunsch der Ortschaft auf der Prioritätenliste der Stadt Konstanz viele, viele Jahre lang sehr, sehr weit hinten.
Das Projekt hatte noch einen langen Weg bis zur Verwirklichung zurückzulegen.

~

Sk 20.6.1987

Dettinger Ortschaftsrat in Kürze: Enttäuscht und verlassen!
Unter Punkt „Verschiedenes" machte sich in der Ratssitzung der soeben aus dem Finanz- und Wirtschaftsausschuss der Kernstadt gekommene Stadt- und Ortschaftsrat Helmut Gloger einmal gehörig Luft.
Er sei so enttäuscht, sei sich im Ausschuss so verlassen vorgekommen.
Grund für seinen Ärger, den auch die Dettinger Räte nachvollziehen konnten: Seines Erachtens muss Dettingen weit über jedes Maß finanziell zurückstehen, um den städtischen Haushalt zu sanieren.
Zum Beispiel werde im Gewerbegebiet immer mehr eingespart und entgegen dem Ortschaftsratsbeschluss werde das gemeindeeigene Gebäude in der Kapitän-Romer-Straße nun doch verkauft.
Falls man aber für Dettingen nur mal ein paar tausend Mark für z.B. eine neue Verstärkeranlage in der Mehrzweckhalle fordere, werde allenfalls nur milde gelächelt. Bald mache er das nicht mehr mit.

Anmerkung:
Ein Stimmungsbild, das ein Schlaglicht auf die mühselige kommunalpolitische Arbeit in der eben nicht mehr selbstständigen Gemeinde wirft.
Auch mehr als 10 Jahre nach der Eingemeindung war von großer Liebe zwischen den beiden ungleichen Partnern nichts zu spüren.

~

800 Jahre Wallhausen

Sehr erwähnenswert ist auch ein Fest in Dettingen-Wallhausen, dessen Ursache weit zurückliegt.
Im Gemeindeanzeiger vom 4.9.1987 ist angekündigt:

800 Jahre Wallhausen
8.-13. Sept. 1987

Aus der Steinzeit gibt es im Uferbereich Wallhausen zahlreiche Nachweise von Pfahlbausiedlungen aus der Zeit von 10.000 - 8.000 v. Chr. Ein großes hallstattzeitliches Grabhügelfeld "Keltengräber" (ca. 800 - 400 v. Chr.) mit 31 Hügeln befindet sich im Gemeindewald Ameis enberg.

Wallhausen, die "Villa Walarhusin" findet 1187 erstmals urkundlich Erwähnung, als Kaiser Friedrich I. Barbarossa im Rahmen seiner Regierungsgeschäfte - über die wichtige Fährverbindung von Überlingen nach Wallhausen kommend - hier Rechte des Augsburger Bischofs Udalschalk und des Klosters Salem bestätigte.

Im 12. und 13. Jh. herrschte das Geschlecht der Herren von Tettingen als Ministerialen des Klosters Reichenau über das Dorf. Von der damaligen hochmittelalterlichen Turmhügelburg sind nur noch Mauerreste beim heutigen Burghof vorhanden. Im 14. Jh. kam die Ortschaft Dettingen (mit Wallhausen) durch Verkauf an die Kommende Mainau des Deutschen Ordens. Im Bauernkrieg 1525 wurde Wallhausen von den aufständischen Bauern schlimm "gerawpet und geplündert".

Im 30-jährigen Krieg litt der Ort besonders ab 1632 unter den kaiserlichen und schwedischen Truppen. Drei Viertel der Bewohner wurden getötet oder vertrieben.

Die Lebensgrundlage war bis in die Mitte dieses Jahrhunderts die Land- und Forstwirtschaft und die Fischerei. Der Wallhauser Hafen war wichtiger

Umschlagplatz für das Holz vom Dettinger Wald und Andeergranit von Rorschach.

Anmerkung:
Unter der Regie und der wissenschaftlichen Begleitung des Wallhausers Dr. Raphael Leonhardt wurde ein Ereignis gebührend gefeiert:
Die erste urkundliche Erwähnung von Wallhausen anlässlich eines Aufenthaltes von Kaiser Friedrich Barbarossa im Jahre 1187 in Wallhausen.
Die Kaiser hatten damals keinen festen Regierungssitz. Sie reisten durch ihr Land, um die Regierungsgeschäfte zu erledigen.
So kam Barbarossa mit seinem Gefolge von Überlingen über den See nach Wallhausen, wo er einige Urkunden - nicht für die Wallhauser - ausstellte.
Daher die urkundliche Erwähnung - der Name des Ausstellungsortes erschien in der Urkunde.
Dieses Ereignis – die Ankunft Barbarossas in Wallhausen - wurde zur 800 – Jahr – Feier nachgestellt.

„Barbarossas“ Ankunft in Wallhausen, aus Überlingen kommend.

„Barbarossa“ setzt seinen Fuß auf Wallhauser Boden

Der „Kaiser“ auf hohem Ross auf dem Weg zum Turnierplatz (Joachim Görig als Barbarossa)

„Steinaltes“ Wallhausen

Dass am Ufer des heutigen Wallhausen schon einige tausend Jahre zuvor gesiedelt wurde, ergaben Funde im Bereich des Hafens Wallhausen.

Hierzu ein Text von Herbert Gieß, dem Wallhauser Sammler von archäologischen Funden, der schon seit seiner Kindheit in den Uferbereichen seiner Heimatgemeinde und darüber hinaus die Spuren der steinzeitlichen Bewohner dieses Landstriches erforscht:

„Vorzeitliche Besiedlungsspuren in der Bucht von Wallhausen und den ufernahen Wiesen zwischen Wallhausen und Dingelsdorf.

Im 6. und 7. Jahrtausend vor Christus hatten mittelsteinzeitliche Jäger auf kleinen Hügeln an den Krebsgräben zwischen Wallhausen und Dingelsdorf ihre Jagdlager. Zu dieser Zeit streiften die Menschen in Familienverbänden oder kleinen Sippen als Sammler und Jäger durchs Land. Von ihnen stammen umfangreiche Funde aus Feuerstein, Schlagsteinen, Pfeilspitzen, Harpunenwiderhaken, Messer, Schaber und Kratzer sowie Bohrer. Es war die Zeit der mittleren Steinzeit oder Mesolithikums.
Ab 4500 bis ca. 2000 v. Chr. standen in der Wallhauser Bucht mehrere sogenannte Uferrandsiedlungen (Pfahlbauten) der Jungsteinzeit in zeitlicher Abfolge, Dörfer der Michelsberg-Pfüner sowie der Horgener Kulturstufe. Durch die umfangreichen Hafenausbaggerungen der Neuzeit sind dieses Siedlungsspuren fast zur Gänze verloren gegangen.
Kulturschichten mit erhaltenen Hölzern, organischem Material, Töpfen, Gerätschaften aus Stein und Knochen wurden für immer zerstört. An den ungebaggerten Rändern sieht man bis heute Pfahlstümpfe, die zu den Hauskonstruktionen gehörten.
Im Rosgartenmuseum in Konstanz und andern Museen zeugen viele Funde von Steinbeilen, Pfeilspitzen, Sichelklingen, Töpfen, Getreidemühlen, Werkzeugen aus Horn und Knochen, sowie Schmuckgegenstände vom umfangreichen Inventar der sesshaften jungsteinzeitlichen Bauern und Jägern."

Eine kleine Auswahl aus den umfangreichen Sammlungen von Herbert Gieß: Gefäße der Horgener und Mittelsberger Kulturstufe, Hammeräxte, Steinbeilschleifplatte, Feuersteinmesser, Schale mit verkohltem Getreide. Fundstücke auch aus dem Hausrat der Wallhauser „Ureinwohner“!

Wieder vorwärts zur Gegenwart

Verkehrsprobleme

Mit dem Ausbau der Ortsdurchfahrten in Dettingen und Wallhausen war natürlich eine schnellere Durchfahrt der Ortsstraßen möglich.
Dies zum Leidwesen der Fußgänger, die dadurch bei erforderlichen Querungen der Straßen Gefährdungen ausgesetzt waren.
Also ging es jetzt darum, den motorisierten Verkehr zu verlangsamen.
Der allgemein zunehmende Verkehr gefährdete auch die Fußgänger in den Nebenstraßen.

Nach mehrjährigen Diskussionen und Versuchen fand man schließlich das „Ei des Kolumbus“: Tempo 30- Zonen!

SK 15.12.1988
Vor dem Einstieg in Tempo 30.
Den Verkehr beruhigen.
In Dettingen-Wallhausen will man jetzt Ernst machen mit der viel diskutierten Verkehrsberuhigung.
Wenn es nach dem Willen des Ortschaftsrates geht, soll in der Doppelgemeinde nur noch mit Tempo 30 gefahren werden.
Ausgenommen von diesem Beschluss sind allein die Durchgangsstraßen in Dettingen und Wallhausen.

Anmerkung: Durchgangsstraßen sind in Dettingen die Konstanzer Straße, die Kapitän Romer- Straße und die Langenrainer Straße; in Wallhausen die Heinrich-von-Tettingen-Straße und die südliche Uferstraße.
Was lange währt, wird endlich gut!
Tempo 30 in allen anderen Ortsstraßen hat sich bewährt.

~

Sk 18.5.1989
Ortschaftsrat stimmt Radwegplanung zu.
Route über den Rohnhauser Hof geplant- nur wenige hundert Meter neuer Weg.
Der künftige Radweg von Dettingen aus in Richtung Langenrain soll über den Rohnhauser Hof geführt werden.
Ziel des Gesamtkonzeptes ist es, Geländeeingriffe durch Neutrassierung soweit als möglich zu vermeiden.

Da zum größten Teil bereits bestehende Wege genutzt werden können, müssen auf der Dettinger Gemarkung nur wenige hundert Meter Radweg neu gebaut werden.
Anmerkung: Die Radwegplanung wurde dann aber doch noch einmal völlig neu konzipiert – radfahrerfreundlich- ohne starke Steigungen und Gefälle- vorwiegend entlang der teilweise neu trassierten Landesstraße über den Bodanrück.

~

Sk 15.9.1989
Dettingen-Wallhausen und Dingelsdorf wurden „Staatlich anerkannte Erholungsorte".
Gut ein Jahr, nachdem den beiden Bodanrückorten das Prädikat verliehen wurde, sind sie jetzt auch im Besitz der Urkunden, überreicht vom Oberbürgermeister der Stadt Konstanz.

~

Sk 21.10.1989
Wassersportclubs können bauen.
Nach beinahe schon jahrelangem Warten können die Wassersportler im Wallhauser Hafen jetzt endgültig aufatmen und die dringend erforderlichen Sanitäranlagen errichten.
Die Einsprüche der Bodenseewerft, die das Bauvorhaben lange Zeit blockierten, wurden inzwischen sowohl vom Regierungspräsidium als auch vom Verwaltungsgericht zurückgewiesen.

Sanitär- und Hafenmeistergebäude

~

Sk 27.1.1990

Nasse Füße holte sich der Ortschaftsrat ......

Vo

Von links nach rechts: Ortsbaumeister Schneck, Hans Kärcher, Helmut Späth, Roland Schöner, Heinz Miebs, Albert Griesmeier, Johannes Hierling, Dagmar Bargel, Beate Broghammer, Edeltraud Burgert, Helmut Gloger

…. des Konstanzer Stadtteiles Dettingen - Wallhausen bei seiner Sitzung am Freitag auf dem berüchtigten Teufelstisch im Überlinger See. Die rund 20 auf 10 Meter hohe, tischförmig abgeplattete Spitze einer rund 90 Meter hohen Felsnadel taucht nur bei extrem niedrigem Wasserstand aus dem Wasser auf und ist nach den Regenfällen der letzten Tage wieder rund 7 Zentimeter unter der Oberfläche verschwunden. Ortschaftsrats-Vorsitzender Albert Griesmeier: Vier der Räte haben in letzter Minute kalte Füße bekommen.

Anmerkung: Der Wasserstand des Bodensees war im Winter 1989/90 so weit abgesunken, dass- was äußerst selten vorkommt- der Teufelstisch unterhalb des Burghofes bei Wallhausen aus dem See auftauchte.
Eine Presseagentur bat die Ortsverwaltung, das seltene Ereignis zu dokumentieren mit einer „außerordentlichen Sitzung"(!) des Ortschaftsrates auf dem Teufelstisch.
Die Ortsverwaltung und der Ortschaftsrat gingen auf den Gag ein.
Allerdings gab in der Nacht vor dem Ortstermin bei einem Föhnsturm Starkregenfälle, die den Wasserspiegel des Bodensees binnen Stunden um ca. 20cm ansteigen ließen. Der Teufelstisch lag dadurch am Tage der „Sitzung" ca.10cm unter dem Wasserspiegel.
Einige Ortschaftsräte bekamen deswegen „kalte Füße" und „schwänzten" die Sitzung. Hinweis: Die Ortschaftsräte mussten den Teufelstisch nicht schwimmend erreichen; sie wurden mit einem Boot dahin gebracht!

~

Sk 23.7.1990

Dettinger kurz- und mittelfristige „Wunschliste" an die Stadtverwaltung:
Anbau für 4.Gruppe im Kindergarten Dettingen
Abriss des Kindergartens Wallhausen wegen desolater Bausubstanz
Rathausausbau zu einem Bürgerzentrum
Renovierung der Gefallenenkapelle auf dem Friedhof
Steg- und Molensanierungen im Hafen Wallhausen
Erschließung des Gewerbegebietes „Grasweiher"
Rad-und Fußweg vom Pappelweg zum Spiel- und Bolzplatz Moos

Anmerkung: Es gibt immer viel zu tun!

~

Eine gute Nachricht:
Sk 24.7.1990
Die Ortsverwaltungen Dettingen und Dingelsdorf fanden Übergangslösungen nach dem Abriss des Kindergartens bis zum Bau eines neuen Kindergartens in Wallhausen.
Die Dingelsdorfer Kinder können im Foyer der Thingolthalle unterkommen.
Die Wallhauser Gruppe konnte durch das Entgegenkommen der Evang. Kirchengemeinde in das Evang. Gemeindehaus in Wallhausen einziehen.
Man hofft, dass bis in einem Jahr der neue Kindergarten in Wallhausen bezugsfertig sein wird.

~

Eine schlechte Nachricht:
Sk 12.12.1990
Rathaus bleibt im Umbau stecken;
Weiterbau frühestens 1992.
Das Dettinger Rathaus wird vorläufig im begonnenen Umbaustadium stecken bleiben.
Zumindest 1991 wird an dem Millionenprojekt nicht weitergearbeitet.
Frühestens Mitte 1992, so der Dettinger Ortsvorsteher, könne man nach derzeitigem Stand davon ausgehen, dass es auf der Baustelle wieder vorwärts geht.

Sk 14.6.1991
Bauernhaus vor dem Abbruch.
In Dettingen wird bald wieder ein äußerlich ansprechendes, ortsbildprägendes Haus der Spitzhacke zum Opfer fallen
Es ist eines der zwischenzeitlich wenigen alten Bauernhäuser, die mit ihrer für den Bodanrück charakteristischen, langen Straßenfront einst die Dörfer prägten.
In der Doppelgemeinde wird es in der Allensbacher Straße fehlen.
Statt dessen soll dort ein großes, allerdings gegliedertes Wohn- und Geschäftshaus entstehen.

Oberes Bild: Zustand vor dem Abriß. Unteres Bild: neue Bebauung.

Eine schlechte und eine gute Nachricht:

Sk 28.1.1992

Wallhauser Kindergarten weiterhin im evang. Gemeindehaus.

Neubau verzögert sich um ein Jahr.

Die evang. Kirchengemeinde ist bereit, den Wallhauser Kindergartenkindern auch weiterhin zu helfen.
Für ein weiteres Jahr- bis März 1993- stellt man den Kleinen, die bereits im zweiten Jahr keinen eigenen Kindergarten mehr haben, dafür die Räumlichkeiten im Wallhauser Gemeindezentrum zur Verfügung. Denn die Arbeiten am Neubau des Kindergartens, die eigentlich bereits im kommenden Monat hätten abgeschlossen sein sollen, sind gewaltig in den Rückstand geraten. Verzögert hat es sich unter anderem auch durch einen Anwohner - Einspruch.

Eierlesefest 1992

GA 5.6.1992
Zum Eierlesefest 1992 schrieb der 1. Bürgermeister (Kulturbürgermeister) der Stadt Konstanz im Gemeindeanzeiger:

MITTEILUNGSBLATT

ORTSTEIL DETTINGEN-WALLHAUSEN

Herausgeber: Ortsverwaltung Dettingen-Wallhausen, Tel.: 07533/6235
Verantwortlich für den Inhalt (ausgenommen Anzeigen):
Der Ortsvorsteher oder sein Stellvertreter im Amt
Druck: Primo-Verlagsdruck Stähle, 7768 Stockach-Hindelwangen

Freitag, den 05. Juni 1992 Nr. 22/1992

Sehr geehrte Damen und Herren,
liebe Freunde des Eierlesefestes in Dettingen und Wallhausen !

Das Eierlesefest hat in Dettingen eine alte Tradition. Früher wurde es zwar unregelmäßig, aber häufig im Abstand von ca. 10 Jahren begangen. Zu diesem Anlaß kamen Schaulustige aus der ganzen Umgebung nach Dettingen. Man versammelte sich in dem Bereich zwischen dem Gasthaus "Kreuz" und der Dettinger Kirche. Dort fanden wechselnde Darbietungen statt.
Im Kern geht es bei diesem Eierlesefest um die Auseinandersetzung zwischen adliger Ortsherrschaft und den Bewohnern des Ortes Dettingen, wobei der einfache Mann die Chance hatte, sich durch Geschicklichkeit auch gegenüber einem überlegenen adligen Gegner durchzusetzen und damit eine Vergünstigung für die Dorfbewohner zu erreichen.

Es ist eine anerkennenswerte Initiative der Dettinger und Wallhauser Vereine und der Ortsverwaltung Dettingen-Wallhausen, die gemeinsam dieses Eierlesefest wieder regelmäßig veranstalten. Ein solches Brauchtumsfest fördert die Beschäftigung mit der eigenen Ortsgeschichte und trägt dazu bei, die Idendifikation mit Dettingen-Wallhausen zu festigen.Dies gilt in besonderem Maße für die Jugendlichen, die dadurch erfahren, daß sie in einem geschichtsträchtigen Ort leben, der ein eigenes Gepräge hat. Das Eierlesefest ist auch geeignet, die alten Dettinger und Neubürger zueinander zu bringen. Feste feiert man gemeinsam. Insbesondere beim Eierlesefest kann man sich dabei über die Geschichte des Ortes unterhalten und die Andersartigkeit und Bedeutung von Dettingen-Wallhausen kennenlernen.

Allen Teilnehmern und Besuchern des Eierlesefestes in Dettingen-Wallhausen wünsche ich ein schönes Pfingstwochenende und viel Freude beim Eierlesefest.

Dr. Wilhelm Matthias Hansen
1. Bürgermeister

Einzug der Herren von Tettingen mit Gefolge

Die „Schauspielgruppe“ im Festumzug

Der Wettkampf: Ob der Eierwerfer den Wettkampf für das Dorf gewinnt?

Weltpolitik und Dorfgeschehen

Fast schon vergessen:

Sk 18.9.1992
Unterkünfte für 500 Flüchtlinge auf sechs Standorte in der Stadt verteilt.
Gemeinderat beschließt Bau von Massivhäusern - auch die Ortsteile werden einbezogen.

Der Gemeinderat beschloss den dezentralen Bau von Massivhäusern an insgesamt sechs Stellen in der Stadt und in den Ortsteilen Litzelstetten und Dettingen.
Außer in der Leipzigerstraße werden Häuser für Flüchtlinge an der Stifterstraße (70), unterhalb des Jugendhauses Raiteberg (50), hinter der Litzelstetter Turnhalle (56) und auf dem Dettinger Schulparkplatz (56) geplant.
Ins Auge gefasst sind außerdem 112 Personen auf einem Grundstück hinter der Maria - Hilf - Kirche, das der Kirche gehört.

Anmerkung: Bis Mitte der 1980er Jahre war die Zahl der Asylsuchenden in der Bundesrepublik relativ gering. Es gab ja noch den „Eisernen Vorhang“, der Flüchtlinge aus der DDR und dem Ostblock weitgehend zurückhielt.
Nach dem Fall dieses Hindernisses im Jahre 1989 schwoll die Zahl der Flüchtlinge und Umsiedler in die Bundesrepublik gewaltig an.
Die Städte und Gemeinden wurden zur Aufnahme dieser Personen verpflichtet, was zu großen Problemen führte.

Es gab große Widerstände gegen den Gemeinderatsbeschluss; auch in Dettingen. Die Bebauung des Schulparkplatzes wollte man mit allen Mitteln verhindern, da der Platz für Schule und Sporthalle unverzichtbar war.
Vom Ortschaftsrat wurden ersatzweise das „Schiesserhaus“ oder ein Grundstück westlich der Brühlstraße angeboten. Auch dagegen gab es große Widerstände; niemand wollte ein solches Haus in der Nachbarschaft haben!
Noch während des langen Hickhacks um die Standorte, verringerte sich durch eine veränderte Bundes- Gesetzgebung die Zahl der Flüchtlinge und Umsiedler, so dass auf den Bau entsprechender Häuser in den Außenorten verzichtet werden konnte.

~

Sk 8.9.1992
Der „Kurve“ droht der Abriss

Ortschaftsrat will historisches Gebäude erhalten.
Das Gasthaus „Kurve" in Wallhausen, eines der letzten alten und Ortsbild prägenden Gebäude, droht der Spitzhacke zum Opfer zu fallen.
Der Dettinger Ortschaftsrat fordert allerdings vehement den Erhalt des Hauses mit der hübschen Giebelseite und dem mächtigen Dach. Jedoch fordert der Eigentümer sein Recht. Er möchte das Gebäude abreißen und an dessen Stelle ein mehrgeschossiges Haus bauen.

Anmerkung: Das Haus war nicht denkmalgeschützt; folglich konnte es abgerissen werden.

Das Gasthaus „Kurve" in Wallhausen, eines der letzten alten und ortsbildprägenden Gebäude, droht der Spitzhacke zum Opfer zu fallen. Der Dettinger Ortschaftsrat allerdings fordert vehement den Erhalt des charakteristischen Hauses mit der hübschen Giebelseite und dem mächtigen Dach. *Bild: Haderer*

Vorher....

Nachher....

~

Sk 2.12. 1992

Vorläufig kein Verkehrskreisel für das Zentrum

Der geplante Kreisel im Bereich der Kreuzung beim Gasthaus Kreuz beschäftigt die Dettinger Ortschaftsräte schon länger.

Nachdem der Ortsvorsteher das Vorhaben vor einiger Zeit auf Grund der angespannten Finanzlage der Stadt Konstanz schon einmal in den Bereich der Utopie verwiesen hatte, wollten die Räte zumindest einmal eine Planskizze und eine Kostenschätzung auf dem Tisch haben.

Vom Tiefbauamt wurde zwischenzeitlich diese „Hausaufgabe" gelöst.

Demnach könnte aus baulicher Sicht ein Kreisverkehr im Dettinger Zentrum verwirklicht werden. Das Tiefbauamt rechnet mit Baukosten von mindestens 300.000 Mark.

Auf alle Fälle zu viel in der momentanen finanziellen Situation, meinte Dettingens Ortsvorsteher, kein Befürworter des Kreisels.

An dieser Stell
wo vier Straße
aufeinandertre
fen, Abbiegesp
ren und querer
Fußgänger imr
wieder für gefä
che Situatione
sorgen, könnte
Dettinger Zent
ein Kreisverke
eingerichtet we
den. Der Ort-
schaftsrat möc
daß die Planur
gen des 350 0
Mark-Projektes
auf den Weg g
bracht werden.

~

Eine sehr gute Nachricht:

Sk 17.2.1993

Kindergarten Wallhausen:
Im März können die Kinder einziehen.
Heiter und unkonventionell in der Form.
Rund 800.000 Mark kostet der eingruppige Kindergarten- Neubau.
Er kann problemlos um eine zusätzliche Gruppe baulich erweitert werden.

Anmerkung: Das wurde auch bald schon erforderlich!

Modell des neuen Kindergarten Wallhausen: Architekt Johannes Kumm, Städtisches Hochbauamt.

Aktuelle Bebauung.

~

Sk 19.5.1993

Umweltschutz als Lebensaufgabe
Landesverdienstmedaille für Brigitte Bergmann.

Bei der- wie es hieß- handverlesenen Schar von Bürgerinnen und Bürgern, die Ministerpräsident Erwin Teufel kürzlich im Ludwigsburger Schloss mit der Verdienstmedaille des Landes auszeichnete, war auch eine Dettingerin dabei.
Brigitte Bergmann erhielt den Landesorden vor allem für ihr bewundernswertes Engagement für einen aktiven Natur- und Umweltschutz am Bodensee.

Frau Bergmann mit Dettinger Kindern bei einer Aktion zur Müllvermeidung

~

Sk 9.7.1993

Dettinger wollen selbst den Pinsel schwingen
„Bauruine" Rathaus soll endlich schöner werden
Im Umbau stecken geblieben ist vor etlichen Jahren schon das Dettinger Rathaus.
Die Stadt konnte das Geld nicht mehr aufbringen, um das Millionenprojekt durchzuziehen.
Seither ragt ein als Aufzugsschacht gedachter Anbau unverputzt und etwas unproportional in die Höhe. Mit wenig finanziellem Aufwand und freiwilligem Bürgereinsatz will man jetzt zumindest die Umbau-Spuren etwas beseitigen.
Zumindest der unschöne Baustellen-Charakter soll nach bald fünfjährigem Dauerzustand etwas kaschiert werden.
Weder Ortsvorsteher noch Ortschaftsräte machen sich Illusionen. Man ist sich klar darüber, dass „in diesem Jahrtausend" sicher weiter nichts mehr geschehen wird.

Anmerkung: So war es auch!

~

Sk 15.9.1993

„Den Kommunen droht der Kollaps" - Delegation nach Bonn

Wenn die Finanzpolitik der Bundesregierung nicht korrigiert werde, drohe ein allgemeiner Kollaps der Kommunen. Es gehe nicht an, den Städten und Gemeinden die Finanzmittel zu kürzen und ihnen gleichzeitig immer neue Aufgaben aufzubürden.
Mit dieser Kritik hat gestern der Gemeinderat der Stadt Konstanz den Entwurf des Haushaltsplanes für 1994 kommentiert.

Oberbürgermeister Horst Eickmeyer reist am Montag an der Spitze einer Delegation nach Bonn zu einer außerordentlichen Hauptversammlung des Städtetags.
Das Treffen steht unter dem Motto „Städte in Not" und richtet sich gegen weitere Belastungen der Kommunen.

Anmerkung: Der „Aufbau Ost“ musste finanziert werden. Der Finanznot fielen auch die schon fest zugesagten Geldmittel für den Erweiterungsbau des Kindergartens Dettingen zum Opfer.

~

Sk 22.10.1993
Ein längerer Kommentar des Südkurier Presseberichterstatters verdeutlicht die Situation:

Nostalgie

Die Dettinger Enttäuschung und Verärgerung ist verständlich. Seit Jahren kämpft man für die Kindergartenerweiterung.
Seit Jahren verspricht die Stadt immer wieder, die Maßnahme durchzuführen. Und ebenso regelmäßig fiel sie dann doch wieder dem Rotstift zum Opfer.
Dann verzichtete die einstmal selbstständige Gemeinde sogar auf alle anderen Projekte; wünschte sich allein nur noch den Kindergarten-Anbau.
Doch heute platzen offensichtlich sogar solche Versprechen wie Seifenblasen. In Dettingen fühlt man sich natürlich doppelt betrogen. Da man im festen Glauben an die Verwirklichung des Kindergartenanbaus auf alle anderen Wünsche verzichtet hat, steht man jetzt mit leeren Händen da.
Ein Wunder ist es da nicht, wenn in der Gemeinde wieder einmal die Nostalgie aufkommt. Als man vor nun über eineinhalb Jahrzehnten nach Konstanz zwangseingemeindet wurde,
war man eine vermögende, selbstständige Gemeinde. Für die Infrastruktur braucht Konstanz hier kaum etwas zu tun. Selbst die bis heute größte Konstanzer Veranstaltungshalle stand damals schon in der Gemeinde.
In Dettingen ist man sicher, dass- wäre man Dettingen geblieben und nicht ein Konstanzer Stadtteil geworden- man auch in schwierigen Zeiten zumindest noch die Mittel hätte, um den eigenen, zu eng gewordenen Kindergarten zu erweitern.

Anmerkung: Sehr richtig!

~

Sk 28.4.1994
Gas bald überall
Bis 1996 sollen die eingemeindeten Konstanzer Ortsteile flächendeckend mit Gas versorgt sein. Insgesamt haben die Konstanzer Stadtwerke bisher für die Gasversorgung von Litzelstetten, Dingelsdorf und Dettingen-Wallhausen neun Mill. Mark investiert. Gebiete, die jetzt noch fehlen, sollen bis 1996 versorgt werden, was weitere 3,5 Mill. Mark kosten wird.

Anmerkung: Was lange währt ….! Vor 20 Jahren versprochen!!

Sk 28.10.1994
Eine aufstrebende Gemeinde stellt sich vor:
In Dettingen-Wallhausen lässt sich gut leben.
Dettingen und mehr noch Wallhausen sind die entferntesten Konstanzer Stadtteile. Dabei hört man das Wort „Stadtteil“ auch zwei Jahrzehnte nach der Eingemeindung hier immer noch nicht sehr gern.
Eine Jahrhunderte alte Geschichte, die Lage mitten auf dem Bodanrück und die schon früh entwickelte Infrastruktur machten die Dettinger- Wallhauser selbstbewusst.
Wenn man sich heute dennoch recht gut mit der Kernstadt arrangiert hat, dann weil man die Vorteile dieser Ehe sieht und auch, weil sich die Doppelgemeinde viel von ihrem eigenständigen Charakter erhalten konnte. Das immerhin über 4000 Einwohner zählende Dettingen- Wallhausen ist nie zum reinen Schlaf- Vorort geworden, wohin man nach Feierabend zurückkehrt.
Hier wird auch gearbeitet und- vor allem- gelebt!
Zwar spielt die Landwirtschaft längst keine entscheidende Rolle mehr. In diese Bresche sprang längst schon der Fremdenverkehr. Im „Anerkannten Erholungsort“ wird für die Gäste auch viel geboten. Angefangen vom großen Naturstrandbad mit sportlichen Einrichtungen über den großen Sportboothafen bis zu Bootswerft, Segelschule, Hobby-Ferienkurse u.v.m.
Im Gewerbegebiet „Grasweiher“ entstanden in den letzten Jahren zahlreiche neue Arbeitsplätze.

Supermarkt, aber auch Ladengeschäfte um die Ecke haben sich in Dettingen gehalten.
Für den Gesundheitsbereich sind Ärzte und Apotheke im Ort.
Bis heute steht in Dettingen eine Sporthalle, die gleichzeitig die größte Konstanzer Veranstaltungshalle ist.
Die Gemeinde hat zwei Kindergärten, eine Grund- und Hauptschule, Sportanlagen für Tennis und Fußball. In gut einem Dutzend Vereine kann man mitmachen.
Kurzum, der Stadtteil Dettingen- Wallhausen lebt. Wenn schon nicht die Selbstständigkeit, so hat man sich doch die Eigenständigkeit bewahrt.

~

Sk Nov. 1994
Dettingen soll ohne Altersheim auskommen
Von der Idee eines standortnahen, dörflichen Altersheimes oder einer Senioren- Wohnanlage kann man sich in Dettingen- Wallhausen wohl endgültig verabschieden.
Die Fachleute geben solchen Hoffnungen heute weder eine wirkliche Chance, noch sehen sie für eine Gemeinde dieser Größenordnung einen tatsächlichen Bedarf.
Dabei wird stets auch darauf hingewiesen, dass in der Gemeinde das soziale Netz noch in Ordnung ist und deshalb die älteren Mitbürger noch in die Dorfgemeinschaft eingebunden sind.

~

1995 – 2005

Im 3. Jahrzehnt ein Stadtteil von Konstanz

Sk 6.5.1995

Hegner Verbindungsstraße soll bleiben.
Nicht einverstanden ist die Mehrheit des Dettinger Ortschaftsrates mit einer Sperrung der Gemeindeverbindungsstraße zwischen Dettingen und Hegne.
Eine solche Maßnahme steht im Rahmen der B33-Neuplanung im Raum und war bereits im Zusammenhang mit dem Gesamtplan im Konstanzer Gemeinderat befürwortet worden.
In Dettingen reagiert man auf eine mögliche Schließung und einen Rückbau der Straße für nur noch Radfahrer und Wanderer allergisch.

Anmerkung: Die Planung ist immer noch gültig!

~

Sk 24.6.1995

Dettingen ist bescheiden geworden.
Sehr früh musste sich der Ortschaftsrat mit dem Haushaltsplan für 1996 befassen.
Dabei hielt sich das Gremium nach realistischer Einschätzung der städt. Kassenlage mehr denn je an den vom Oberbürgermeister vorgegebenen Sparkurs.
Die einstigen Millionenprojekte wie Bauhofverlagerung oder Rathausausbau hat man längst auf den „St.Nimmerleinstag" verschoben. Auch das noch vor einiger Zeit mit Elan projektierte Baugebiet „Schmidtenbühl- Nord scheint zwischenzeitlich gänzlich ins Stocken geraten. Das von der Stadt vorgesehene Grunderwerbsmodell läuft nach Auskunft des Ortsvorstehers überhaupt nicht.

~

Sk 21.9.1995

Hafen Wallhausen: Trägerschaft bei der Stadt belassen

Einen kommunalen Dauerbrenner der letzten Monate hofft man im Dettinger Ortschaftsrat endgültig vom Tisch zu haben und erteilte damit den Privatisierungsplänen der Stadt Konstanz eine Absage.

Anmerkung: Die Stadtverwaltung akzeptierte den Beschluss.
Der Hafen bleibt in der Zuständigkeit der Ortsverwaltung.

~

Sk 22.3.1996
Letzte Streuobstbestände sollen erhalten bleiben
Das Gebiet „Hofäcker" am nördlichen Ortsrand von Dettingen - westlich vom Friedhof- soll endgültig als geschützter Grünbestand ausgewiesen werden. Der Dettinger Ortschaftsrat gab mehrheitlich grünes Licht für ein Vorhaben, das in den vergangenen Jahren kontrovers diskutiert wurde.

Anmerkung: Damit soll die Bebauung dieses Gebietes zum Schutze der Natur verhindert werden.

~

Sk 30.3.1996
Polizeiposten geschlossen
Die letzte Stunde schlug für den Polizeiposten Dettingen, der seit 1981 im Feuerwehrhaus untergebracht war. Dem Erhalt des Postens habe die im Verhältnis zu anderen Orten erfreuliche geringe „Kriminalitätsbelastung" entgegengestanden.

Anmerkung: Ein sehr erfreulicher Grund zur Postenauflösung

~

Sk 2.7.1996
Kursschiff- Verbindung Wallhausen- Überlingen eröffnet
Die Fahrzeit von Ufer zu Ufer dauert etwa 15 Minuten.

Anmerkung: Das Kursschiff- Angebot wurde und wird von Berufspendlern und Touristen sehr gut angenommen.

~

Sk 25.4.1997

Inline - Skater sollen Anlage bekommen

Dettinger Ortschaftsrat stimmt zu.

Dettinger Inline - Skater können hoffen: Der Ortschaftsrat hat sich dafür ausgesprochen. Offen ist aber bislang noch die Standortfrage. Das Gelände sollte zwar dorfnah sein, kann aber wegen der Lärmbelastung nicht in einem Wohngebiet liegen, betonte der Ortsvorsteher.

Anmerkung: Die Standortsuche gestaltete sich wegen des mit dem Betrieb der Anlage verbundenen Geräuschpegels sehr schwierig.
Schließlich fand die Anlage ihren Platz neben dem Fußballplatz des TSV Dettingen-Wallhausen.

~

Sk 24.10.1997

Dettinger Post soll schließen

Dem Ortschaftsrat wurde bestätigt, dass die Deutsche Post AG mangels Auslastung und Wirtschaftlichkeit die Dettinger Postfiliale dicht machen will.
Die Lösung in Form einer privaten Agentur zeichnet sich ab.

Anmerkung: Die Deutsche Post wurde privatisiert; der Service abgebaut. Es zählen nur noch die Gewinne!

~

Sk 12.3. 1999

Kindergarten Wallhausen zu klein

Über eine dringend notwendige Erweiterung des Kindergartens Wallhausen wurde der Ortschaftsrat informiert.
Spätestens im Herbst 2000 ist die Einrichtung einer zweiten Gruppe unumgänglich.

Etwa 350.000 Mark werden für den Ausbau zu einem Zwei - Gruppen Kindergarten benötigt.

~

Sk 27.5.1999
Hochwasser
Personenfähre wieder in Betrieb
Die Personenfähre von Wallhausen nach Überlingen hat ihren wegen des Hochwassers unterbrochenen Betrieb wieder aufgenommen.
Da die Uferstraße in Wallhausen noch unter Wasser steht, ist die Fähre bis auf Weiteres über den St.Leonhardsweg zu erreichen (Bushaltestelle Linzgaublick).
Von dort aus führt ein provisorischer Steg über die Fischergasse zur Anlegestelle in der Uferstraße.

Anmerkung: Diesem Hochwasserjahr folgten dann zum Teil extreme Niedrigwasserjahre.

Uferstraße Wallhausen: Zugang zur Personenfähre

~

Sk 2.10.1999

Kapitän Franz Romer zum 100.Geburtstag
Auf Veranstaltungen rund um den 100. Geburtstag des Dettinger Atlantikbezwingers Franz Romer wies der Ortsvorsteher in der Sitzung des Ortschaftsrates hin. Ein Vortrag von Dr. Raphael Leonhardt wird das damalige heimatliche Umfeld des Weltenbummlers ausleuchten.
Der Historiker Stefan Henze berichtet über Romers abenteuerliche Fahrt im Faltboot über den Atlantik. Im Sitzungssaal der Grund- und Hauptschule wird eine Ausstellung „Vom Bauernbub zum Schiffsoffizier und Atlantikbezwinger" eröffnet.

Anmerkung: Zu Franz Romers Gedenktag sind hierzu aus „Gemeinde Dettingen-Wallhausen Band II" die Seiten 113/114 übernommen:

„Geschehen Dettingen, den 13. Juli 1918
Vor dem Gemeinderat

Beratungsgegenstand
Die Vergütung an die Heerespflichtigen betr.

Beschluß
Es soll den Heerespflichtigen Konrad Kaibach und Franz Romer das Ortsgeschenk mit je 10 Mark ausbezahlt werden.

Der Gemeinderat: Heckler Bürgermeister
J. Baptist Späth J. Baptist Okle Valentin Straub
Julius Schroff Gebhard Dullenkopf Josef Fuchs"

Anmerkung:
Nach dem im Protokoll genannten Heerespflichtigen Franz Romer sind heute die Hauptstraße und die Sport – und Festhalle in Dettingen benannt.
Franz Romer war ein ungewöhnlicher Mensch.
Bei Nacht und Nebel riss er als 16jähriger von zu Hause aus und arbeitete, bis er heerespflichtig wurde, bei der Küstenschifffahrt in Hamburg. Nach Kriegsende setzte er seine Seemannstätigkeit fort und brachte es bei der Handelsmarine bis zum Kapitän und befuhr alle Weltmeere.

Doch damit nicht genug. Im Jahre 1928, im Alter von 29 Jahren, überquerte er als erster Mensch in einem Faltboot (Kanu) den Atlantik von den Kanarischen Inseln nach (Mittel -) Amerika.
Franz Romer wurde dadurch weltberühmt; nicht nur der damalige Reichspräsident Hindenburg gratulierte.
Auf der Weiterfahrt mit seinem Faltboot entlang der Küste mit dem Ziel New York geriet er, wie amerikanische Zeitungen schrieben, in einen „vernichtenden Hurrikan, wie man ihn seit Menschengedenken nicht mehr erlebt hat".
Franz Romer wurde seitdem vermisst, er ist wohl dem Hurrikan zum Opfer gefallen.

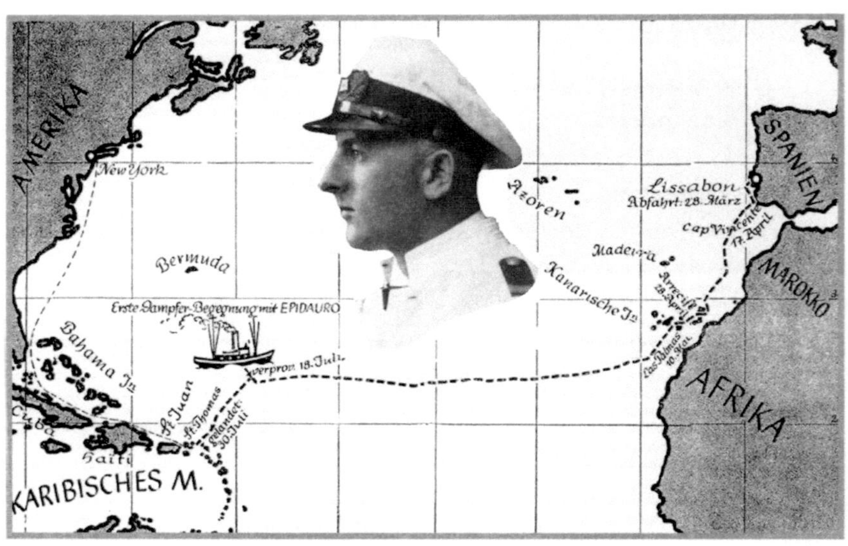

Bild: Entnommen dem Buch „Kapitän Romer bezwingt den Atlantik" von Willi Münch-Khe (modifiziert von Marina Mollenhauer).

~

Sk 27.1.2001
Hafen Wallhausen
Liegeplatz nach 40 Jahren
Bootsliegeplätze am See sind rar und begehrt.

Auf der Warteliste in Wallhausen stehen rund 120 Bewerber. Jedes Jahr werden 2-3 Liegeplätze frei, so dass man nach 40 bis 60 Jahren endlich sein Boot zu Wasser lassen kann!

~

Sk 27.1.2001

Grundstücke: Verwahrlost oder Biotop?
Ein Dorn im Auge ist dem Dettinger Ortschaftsrat der Zustand vieler Grundstücke auf der Gemarkung, die nicht mehr bewirtschaftet werden.
Immer wieder taucht die Frage auf, ob und wie man die Grundstückseigentümer dazu bringen könnte, ihre Grundstücke nicht völlig sich selbst zu überlassen.

Anmerkung: Wie sich doch die Verhältnisse geändert haben!
In den ersten Nachkriegsjahren war man buchstäblich über jeden Grashalm froh, der auf der Wiese wuchs.

~

Sk 9.2.2001

Mehr Platz für Kreativität
Anbau an den Kindergarten Wallhausen ist fertig und wurde bezogen.
25 Kinder können neu aufgenommen werden.
Die kleine Wetterfahne auf dem Dach über dem Eingang zeigt noch die Fertigstellung des ursprünglichen Baues an.
Dass der Kindergarten Wallhausen so schnell wieder zu klein sein würde, hatte damals niemand für möglich gehalten. Doch in Wallhausen wurde viel gebaut und junge Familien sind zugezogen.
Ende 1998 kam die Erkenntnis „bei den Eltern zuerst, beim zuständigen Amt zuletzt", wie sich der Ortsvorsteher erinnert.

~

Sk 7.5.2001
Im Faltboot nach Amerika
Gedenktafel für Kapitän Franz Romer am Dettinger Rathaus.
Die Idee für eine Gedenktafel wurde zum 100. Geburtstag von Franz Romer, geboren am 7.Okt. 1999, ausgesprochen.
Dr. Raphael Leonhardt verfolgte die Idee beharrlich und trieb die notwendigen Spenden ein. Musikverein und Männergesangverein sorgten bei der Anbringung der Tafel für den musikalischen Rahmen.
Leonhardt erinnerte in einer Rede an den berühmten Bürger der Gemeinde.

Links: Raphael Leonhardt bei der Einweihung. Rechtes Bild: Der Künstler Harald Björnsgard neben seinem Werk.

Interessierte Teilnehmer am Festakt erwarten den Beginn der Feier.

Der Männergesangsverein formiert sich zum Liedvortrag.

~

Sk 11.5.2001

Hafenvorgelände wird umgestaltet.

Als schier unendliche Geschichte zieht sich die Debatte über die Umgestaltung des Vorgeländes am Wallhauser Hafen durch die Sitzungen des Ortschaftsrates.

Vor allem über die Verteilung der Kosten herrscht Unmut.

Die Ortschaftsräte fanden, es sei Aufgabe der Stadt, für eine ansprechende Anlage am Wallhauser Ufer zu sorgen. Schließlich sei dies der „Stadtgarten" von Dettingen- Wallhausen und für Einheimische ebenso wichtig wie für Feriengäste.

Anmerkung: Schließlich einigte man sich auf eine paritätische Kostenteilung zwischen der Stadt und den Liegeplatznutzern.
Es gab grünes Licht für die sehr ansprechende Neugestaltung.

Teilansicht des Hafenvorgeländes Wallhausen

~

Sk 14.12.2001

Rathausumbau ab 2004

Ortschaftsrat will Finanzmittel im Haushaltsplan vorziehen.

Dass das Dettinger Rathaus umgebaut und ausgebaut werden soll, darüber ist man sich bereits seit 14 Jahren einig. So alt sind nämlich die ersten Umbaupläne.

Im Finanzhaushalt der Stadt ist nun ein Baubeginn für das Jahr 2004 vorgesehen; weitere Finanzmittel sind geplant, so dass der Umbau im Jahr 2005 abgeschlossen werden kann.

Die Räte stimmten geschlossen für diesen Vorschlag. Zumal im Jahr 2005 Dettingen- Wallhausen genau 30 Jahre ein Stadtteil von Konstanz sein wird.

Im Rahmen dieses „Jubiläums" könnte dann das neu geschaffene „kulturelle und soziale Zentrum" der Gemeinde der Öffentlichkeit übergeben werden.

~

Eierlesefest 2002

Sk 21.5.2002

Dettingen feiert Eierlesefest

Der Konstanzer Stadtteil Dettingen- Wallhausen hat am Pfingstwochenende seine Geschichte aufleben lassen. Rund 300 Akteure gestalteten mit Historienspiel und historischem Umzug das Eierlesefest.

Das Spektakel am Pfingstsonntag und Pfingstmontag verfolgten nach Schätzungen der Veranstalter und Polizei rund 10.000 Zuschauer.

Tausende Zuschauer verfolgten den Festzug durch die dörflichen Kulissen.

Bürgerwehr mit „Hauptmann“ Alfred Reichle.

Vordere Reihe von links: Die Laienschauspieler und Organisatoren Gilbert Glunk, Konrad Huff, Rita Offergeld, Dieter Waldraff, Andrea Okle, Renate Bossart, Ortsvorsteher Albert Griesmeier, Rektor a.D. Helmut Gloger, Joachim Görig, Wilhelm Brüstle. Auf dem Bild fehlt Dr. Raphael Leonhardt, der Organisator des großartigen Festumzuges.

Der große Schulplatz fasst kaum die große Zahl der begeisterten Zuschauer beim Festspiel!

Zu guter Letzt: Eine Hand voll Buntes

Sk 28.8.2002

Neuer Brunnen in Wallhausen

Dank einer großzügigen Spende der Herren Haller und Rau - zwei „Wahl- Wallhauser" Wassersportler- und einigen kleineren Spenden konnte die Idee eines Wallhauser Ortschaftsrates von einem Barbarossa-Brunnen umgesetzt werden.

Mit einem Glas Brunnenwasser haben Herbert O. Rau, Herbert Lehmann vom Bauhof, Ortschaftsrat Helmuth Späth, Bürgermeister Horst Maas und Peter H. Haller auf den neuen Brunnen in Wallhausen angestoßen.

Anmerkung: Bezug zu Kaiser Barbarossa siehe 800- Jahrfeier Wallhausen

~

Sk 1.2.2003

Aussegnungshalle auf Dettinger Friedhof soll größer werden

Die Aussegnungshalle auf dem Dettinger Friedhof ist zu klein. Bei Regen und Schnee wird ein Teil der Trauernden nass, im Sommer stehen sie in der prallen Sonne. Die Pläne zur Vergrößerung werden seit längerem diskutiert.

Problematisch schien bislang die seitliche Treppenanlage, denn mit einer Verlängerung des Gebäudes würde die Treppe nutzlos vor einer Wand enden.

Doch nun hat der Planer einen neuen und kostengünstigen Plan erstellt. Der Ortsvorsteher geht davon aus, dass er so noch in diesem Jahr umgesetzt wird.

Anmerkung: Der Terminplan wurde umgesetzt.

Die vergrößerte Aussegnungshalle. (Bild von 2004)

~

Sk 2.9.2003

Postversorgung in Gefahr

Überall werden Briefkästen abgehängt und Poststellen geschlossen.

In Dettingen fürchtet man, dass im nächsten Jahr auch die private Postagentur geschlossen wird. Der jetzige Agenturnehmer wird aus Rentabilitätsgründen den neuen Vertrag nicht unterzeichnen.

~

Sk 3.5.2004

Für Narrenfreiheit

Dettinger Moorschrat setzt sich ein Denkmal

Von der ersten Idee des Zunftmeisters bis zur Umsetzung hat es gerade mal 15 Monate gedauert. Jetzt ziert ein mannshoher Moorschrat den Dorfbrunnen an der Kreuzung beim Gasthaus Kreuz.

Im Vordergrund von rechts: Landvogt Wolfgang Jentsch, Helmut Gloger, Landtagsabgeordneter Andreas Hoffmann mit Sohn, Achim Grzesiak, OB-Kandidat Frank Nägele, Ortsvorsteher Albert Griesmeier.

~

Postfiliale im Rathaus

Sk 16.7.2004

Post betreibt Filiale mit eingeschränktem Angebot.
Besser kleine als keine Post
Nach langem Hin und Her um die Erhaltung einer Poststelle hat der Ortsvorsteher im Ortschaftsrat Vollzug gemeldet.
Ab sofort gibt es eine kleine Postfiliale im Dettinger Rathaus.
Die Postfiliale hat zwar ein eingeschränktes Angebot, aber „viel besser als nichts" wie sich der Ortsvorsteher ausdrückte.

Der Ortsvorsteher war ihr erster Kunde.

Die drei Damen von der Post: Ab sofort teilen sich Petra Unmüßig, Marianne Schönherr und Käte Wadas (von links) die Arbeit in der neuen Filiale im Dettinger Rathaus. Ortsvorsteher Albert Griesmeier war ihr erster Kunde. BILD: KELLER-ULLRICH

~

Dettingen feiert Rathausumbau

Sk 23.12.2005

Dettingen feierte Rathausumbau

Wünsche erfüllt

Gut Ding will Weile haben. Unter dieses Motto hatte Dettingen, allerdings unfreiwillig, den Umbau seines Rathauses gestellt. Bereits vor 20 Jahren wurde geplant, mit dem Umbau begonnen, mangels Geld aufgehört und wieder neu geplant. Ein in der ersten Begeisterung erstellter Fahrstuhlschacht ohne Fahrstuhl sorgte sogar landesweit für zweifelhaften Ruhm in Form einer Rüge des Bunds der Steuerzahler.

Jahrelang verstaubten die Umbaupläne in der Schublade. Vor den jährlichen Haushaltsberatungen holte der Ortschaftsrat sie regelmäßig hervor und forderte von der Stadt die entsprechenden Mittel, die diese ebenso regelmäßig nicht hatte oder für andere Dinge nutzen wollte.

Bei der Einweihung des neuen Bürgersaals in Dettingen wurde Albert Griesmeier (rechts) mit dem Bundesverdienstkreuz ausgezeichnet und Helmut Gloger mit der goldenen Ehrennadel des Städtetages.

BILD: KELLER-ULLRICH

30 Jahre nach der Zwangseingemeindung des widerspenstigen Vorortes ging der lang gehegte Wunsch dann doch noch in Erfüllung. Zwar in deutlich abgespeckter Version, aber doch zur großen Freude der Dettinger Bürgerinnen und Bürger. Denn der im Dachgeschoss neu ausgebaute Saal und die Nebenräume im Stockwerk darunter dienen nicht nur als Sitzungssaal für den Ortschaftsrat, sondern geben dem Ort ein neues Zentrum, das die Dettingerinnen und Dettinger mit Leben füllen werden, sagte Ortsvorsteher Roger Tscheulin.

Gruppen und Vereine finden nun für kleine Treffen oder größere Veranstaltungen den nötigen Platz.

Zwei Dettinger haben sich neben ihren vielfältigen anderen Aktivitäten immer besonders für den Ort und auch für den Rathausumbau engagiert: der frühere Ortsvorsteher Albert Griesmeier und der ehemalige Ortschaftsrat Helmut Gloger. Mit einer besonderen Ehrung bei der feierlichen Eröffnung des Ratssaals schloss sich daher für beide ein Kreis. Albert Griesmeier erhielt das Bundesverdienstkreuz, Helmut Gloger, der diese Auszeichnung schon besitzt, wurde mit der goldenen Ehrennadel des Städtetags ausgezeichnet.

Eine Premiere bei der Einweihung des neuen Bürgersaals war, dass sie gemeinsam von der evangelischen Pfarrerin Sigrid Süss-Egervari und ihrem katholischen Amtskollegen Bernd Zimmermann vollzogen wurde. (mek)

Rathaus im neuen Glanz

Nachwort

Hier setzt der Chronist seinen Schlusspunkt mit der Hoffnung, dass ein Nachfolger in späteren Jahren von einer weiterhin positiven und glückhaften Entwicklung der Ortschaft Dettingen- Wallhausen als einem Teil der Stadt Konstanz berichten kann.

Anhang:

Kommunalwahlergebnisse 1946-2004

Kommunalwahlen seit 1945
in Dettingen-Wallhausen
Fakten und Namen

Das Ende des 2. Weltkrieges am 08. Mai 1945 in Deutschland bedeutete auch das Ende aller vorhandener politischer Strukturen. Dies galt selbstverständlich auch für die Gemeinden mit ihren Bürgermeistern und Gemeinderäten.
Der seit 1933 bis zum Kriegsende in Dettingen-Wallhausen amtierende Bürgermeister Julius Aßfahl wurde von der französischen Besatzungsmacht zunächst noch bis zum Okt. 1945 im Amt belassen.
Die von der Besatzungsmacht bis zur ersten Bürgermeisterwahl im Okt. 1946 eingesetzten Bürgermeister waren von der Willkür der Besatzungsmacht abhängig. Konnten sie die von dieser Behörde verfügten, meist unpopulären Maßnahmen - wie z.B. hohes Ablieferungssoll für die Landwirte - nicht zur Zufriedenheit der Besatzungsmacht durchsetzen, wurden sie ihres Amtes enthoben. Deshalb u.a. der rasche Wechsel im Amte des Bürgermeisters in der unmittelbaren Nachkriegszeit.

Die nachfolgend dargestellten Wahlergebnisse sind auch ein gewisses Spiegelbild der Veränderungen in unserer Ortschaft in diesem Zeitabschnitt. Allein schon die Namen der jeweils Gewählten zeigen die Veränderungen in der Bevölkerungsstruktur.
Bis Anfang der sechziger Jahre tragen sowohl die "Gemeindeoberhäupter", wie auch die Gemeinderäte ausschließlich Namen aus den alten Dettinger-Wallhauser Geschlechtern, wie Aßfahl, Demmler, Dullenkopf, Okle, Riedle, Schulter, Hamm, Späth, Aichem usw.
Mit dem Wachsen der Einwohnerzahl in Dettingen-Wallhausen durch Zuzug von ca. 800 im Jahre 1945 auf derzeit etwas über 4000 kamen natürlich auch neue Familiennamen in unsere Ortschaft, welche sich dann selbstverständlich auch in der politischen Vertretung der Bevölkerung wiederfinden.

I. Bürgermeister:

1. Von den französischen Besatzungsbehörden eingesetzt:

Mai 1945 - Okt. 1945	Julius Aßfahl	(nebenamtlich)
Okt. 1945 - Juni 1946	Franz Demmler	(nebenamtlich)
Juni 1946 - Okt. 1946	Franz Dullenkopf	(nebenamtlich)

2. Durch den am 15.09.1946 von den wahlberechtigten Einwohnern gewählten Gemeinderat gewählt:

Okt. 1946 - Dez. 1948	Ignaz Schulter	(nebenamtlich)

3. Von den wahlberechtigten Einwohnern gewählt:

Dez. 1948 - Jan. 1963	Julius Aßfahl	(hauptamtlich/nebenamtlich)
März 1963 - März 1971	Fritz Weißhaupt	(hauptamtlich)
März 1971 - April 1975	Fritz Weißhaupt	(1971 für 12 Jahre als Bürgermeister wiedergewählt)

4. Nach der Eingemeindung in die Stadt Konstanz:
April 1975 - April 1983 Fritz Weißhaupt

Hauptamtlicher Ortsvorsteher bis zum Ende seiner 12-jähr. Wahlperiode

II. Ehrenamtliche Ortsvorsteher

Gewählt durch den Gemeinderat der Stadt Konstanz auf Vorschlag des Ortschaftsrates
(Gleichzeitig Mitglied des Ortschaftsrates)

April 1983 - Jan. 1986	Fritz Weißhaupt (Rücktritt aus gesundheitlichen Gründen)
Jan. 1986 - Dez. 1989	Claus Keller
Dez. 1989 – Sept. 2004	Albert Griesmeier
Ab Okt. 2004	Roger Tscheulin

III. Gemeinderat

a. Mai 1945 - Jan. 1946: Gemeindeverwaltung ohne Gemeinderat

b. Durch die franz. Besatzungsbehörden ernannt:

Jan. 1946 - Sept. 1946

1 Dullenkopf Franz (seit Juni 1946 Bürgermeister;
Nachrücker im Gemeinderat Friedrich Aichem)
2 Kramer Lambert
3 Okle Nikolaus
4 Riedle Konrad
5 Schulter Ignaz
6 Welte Josef

c. Von den wahlberechtigten Einwohnern gewählt:
Erste Gemeinderatswahlen 15. Sept. 1946
Anmerkungen:
- Bis 1956 wurde in Dettingen-Wallhausen ohne offizielle Listenvorschläge gewählt. Interessierte Bürgergruppen erstellten Namenslisten als Wahlempfehlungen, die an Scheunentoren, Bäumen usw. angeschlagen wurden (sog. „Holzschopflisten").
- Bei allen nachfolgend aufgeführten Wahlen sind die Gewählten jeweils in der Reihenfolge der erreichten Stimmenzahlen aufgelistet.

	Stimmenzahl
1 Schulter Ignaz (gleichzeitig Bürgermeister seit Okt. 1946)	329
2 Hamm Gebhard	329
3 Riedle Konrad	318
4 Späth Heinrich	312
5 Okle Nikolaus	310
6 Aichem Friedrich	?

Gemeinderatswahlen 14. Nov. 1948

1 Aßfahl Julius (Bürgermeister seit Dez. 1948; Nachrücker im Gemeinderat Schroff Konrad)	294
2 Hamm Gebhard	275
3 Kaibach Ferdinand	183
4 Welte Emil	121
5 Meyer Johann	91
6 Aichem Friedrich	83

Gemeinderatswahlen 15. Nov. 1953

Anmerkung:
- Eingeführt wurde das „Rollierende System“, d.h. die 3 Gemeinderäte mit den höchsten Stimmenzahlen wurden für 6 Jahre, die restlichen 3 für 3 Jahre gewählt. Stimmenzahlen nicht ermittelbar.

1 Braunbarth Wilhelm	6 Jahre
2 Schroff Konrad	6 Jahre
3 Keller Franz	6 Jahre
4 Kaibach Ferdinand	3 Jahre
5 Fuchs Johann	3 Jahre
6 Welte Emil	3 Jahre

Gemeinderatswahlen 11. Nov. 1956

Anmerkung:
Das Gemeinderatsgremium wurde auf Grund der Einwohnerzahl gesetzlich auf 10 Mitglieder vergrößert.
Mit den schon 1953 für 6 Jahre gewählten Wilhelm Braunbarth, Konrad Schroff u. Franz Keller hat der Rat 10 Mitglieder

1 Kutter Georg	6 Jahre	379
2 Hamm Gebhard	6 Jahre	326
3 Hornstein Emil	6 Jahre	292
4 Welte Emil	6 Jahre	265
5 Deggelmann Otto	6 Jahre	237
6 Kaibach Ferdinand	3 Jahre	208
7 Hierling Wilhelm	3 Jahre	165

(W. Hierling kann das Mandat wegen Verschwägerung mit E Welte nicht annehmen. Nachrücker Maurer Wilhelm).

Gemeinderatswahlen 08. Nov. 1959

Anmerkungen:
- Zum ersten Mal erfolgt die Wahl mit offiziellen Listen
- AWV = Allgem. Wählervereinigung; FWV = Freie Wählervereinigung
- Zukünftig werden jeweils 5 neue Mitglieder auf 6 Jahre gewählt.
- Die Sitzverteilung erfolgt nach dem d`Hondt`schen Verfahren.

1 Schroff Karl	AWV	410
2 Waldraff Hugo	FWV	377
3 Braunbarth Wilhelm	AWV	371
4 Kaibach Ferdinand	AWV	321
5 Keller Franz	AWV	307

Sie bilden zusammen mit den 5 in 1956 für 6 Jahre Gewählten den Gemeinderat

Gemeinderatswahlen 04. Nov. 1962

1 Kutter Georg	AWV	529
2 Hornstein Richard	AWV	450
3 Straßner Emil	FWV	407
4 Hornstein Konstantin	FWV	365
5 Hierling Wilhelm	AWV	283

Sie bilden zusammen mit den 5 in 1959 Gewählten den Gemeinderat

Gemeinderatswahlen 07. Nov. 1965

AWV/FWV = Vereinigung von Allgemeiner- und Freier Wählervereinigung
UWV = Unabhängige Wählervereinigung (neu)

1 Schroff Karl	AWV/FWV	510
2 Okle Hans	UWV	479
3 Kaibach Ferdinand	AWV/FWV	443
(1966 verstorben; Nachrücker Hugo Waldraff)		
4 Reisch Erich	AWV/FWV	408
5 Wiest Kurt	UWV	345

Sie bilden zusammen mit den 5 in 1962 Gewählten den Gemeinderat

Gemeinderatswahlen 20. Okt. 1968

1 Hornstein Konstantin	FWV	584
2 Griesmeier Albert	UWV	462

3 Keller Claus	AWV	308
4 Dr. Striedter Hildegard	UWV	304(`72 verstorben; Nachr. Lechner Otto)
5 Straßner Emil	FWV	254

Sie bilden zusammen mit den 5 in 1965 Gewählten den Gemeinderat

Gemeinderatswahlen 24. Okt. 1971

Anmerkung:
Wegen der vorgesehenen Gemeindereform in Baden-Württemberg dauert die Wahlperiode bis 1975

1 Gloger Helmut	UWV	773
2 Dr. Friedensburg Ferdinand	AWV	570
3 Hamm Gustav	FWV	476
4 Okle Hans	UWV	473
5 Reisch Erich	AWV	436

Sie bilden zusammen mit den 5 in 1968 Gewählten den Gemeinderat

IV. Ortschaftsrat nach Eingemeindung

Ortschaftsratswahlen 08. Juni 1975

Anmerkungen:
Wegen der höheren Einwohnerzahl 14 Mitglieder erstmals auch Listen von polit. Parteien FWG-Freie Wählergemeinschaft; Rollierendes System abgeschafft

1 Gloger Helmut*	SPD	1387
2 Griesmeier Albert	SPD	1302
3 Keller Claus	FWG	1179
4 Assfahl Manfred* (Revierförster)	CDU	1043
5 Schöner Roland*	SPD	829
6 Dr. Friedensburg Ferdinand	CDU	464
7 Augustyniak Gotthard	CDU	458
8 Hailer Hans-Peter	FWG	453
9 Reisch Erich	CDU	439
10 Hierling Urban	FWG	405
11 Okle Hans	FWG	403
12 Bargel Dagmar	SPD	402
13 Döpner Horst	SPD	377
14 Prof. Dr. Kübler Fritz (Wegzug 1976; Nachrücker Beck Ulrich)	SPD	371

** Jeweils auch Mitglied im Gemeinderat der Stadt Konstanz*

Ortschaftsratswahlen 22. Juni 1980

1 Assfahl Manfred* (Revierförster) CDU 1682
(Wegzug 1983; Nachr. Weltin Hans)
2 Gloger Helmut* SPD 1486
3 Griesmeier Albert SPD 1191
4 Schöner Roland* SPD 1067
5 Keller Claus CDU 1063
6 Bargel Dagmar SPD 741
7 Cordes Ulla CDU 682
(Wegzug 1981; Nachr. Kärcher Hans-Adolf)
8 Assfahl Manfred CDU 588
9 Demmler Kurt CDU 549
10 Döpner Horst SPD 541
11 Reisch Erich CDU 504
12 Beck Ulrich SPD 454
13 Hailer Hans-Peter FWG 437
14 Broghammer Beate SPD 428

Ortschaftsratswahlen 28. Okt. 1984

1 Keller Claus CDU 1430
2. Weißhaupt Fritz SPD 1425
(1987 verstorben; Nachr. Weber H.-J.)
3. Assfahl Manfred CDU 1264
4. Gloger Helmut* SPD 1182
5. Griesmeier Albert SPD 1090
6. Demmler Kurt CDU 1037
7. Schöner Roland* SPD 1022
8. Miez Christa CDU 971
(1988 Amtsaufgabe; Nachrückerin Braunbarth Roswitha)
9. Späth Helmut* CDU 898
10. Bargel Dagmar SPD 811
11. Hierling Urban FWG 807
(Kann Mandat als städt. Angest. nicht annehmen; Nachrückerin Müller Ulla)
12. Kärcher Hans-Adolf CDU 582
13. Schmidt Heidi SPD 510
(Wegzug 1986; Nachrückerin Broghammer Beate)
14. Hailer Hans-Peter FWG 460

Ortschaftsratswahlen 22. Okt. 1989

1. Griesmeier Albert SPD 1586
2. Späth Helmut CDU 1509
3. Gloger Helmut* SPD 1433
4. Bargel Dagmar SPD 1408
5. Keller Claus CDU 1401
6. Schöner Roland* SPD 1179
7. Demmler Kurt CDU 1076
8. Hierling Johannes FWG 921

9. Burgert Edeltraut SPD 820
10. Braunbarth Roswitha CDU 797
11. Müller Ulla FWG 735
12. Kärcher Hans-Adolf CDU 511
13. Miebs Heinz SPD 697
14. Broghammer Beate SPD 632

Ortschaftsratswahlen 12. Juni 1994

1. Griesmeier Albert SPD 2541
2. Gloger Helmut* SPD 1689
3. Späth Helmut* CDU 1598
4. Hierling Johannes FWG 1596
   (Wegzug 1998; Nachr Gerzmann Sieglinde)
5. Bargel Dagmar SPD 1434
6. Miez Christa CDU 1203
7. Demmler Kurt(*ab 1997) CDU 1114
8. Burgert Edeltraut SPD 1069
   (1994 verstorben; Nachr. Kolb Heidi)
9. Schöner Roland* SPD 1047
10. Müller Ulla FWG 941
11. Assfahl Manfred CDU 851
12. Weber Hans-Joachim* SPD 802
13. Braunbarth Roswitha CDU 771
14. Assfahl Rainer FWG 675

Ortschaftsratswahlen 24.10.1999

1. Griesmeier Albert SPD 2319
2. Späth Helmut* CDU 1539
3. Demmler Kurt* CDU 1225
4. Miez Christa CDU 1195
5. Gloger Helmut* SPD 1103
6. Giess Ewald CDU 928
7. Reichle Simone CDU 921
8. Müller Ulla FWG 820
9. Assfahl Rainer FWG 799
10. Tscheulin Roger CDU 722
11. Gerzmann Sieglinde FWG 648
12. Illg Monika SPD 647
    (Kann Mandat als städt. Angest. nicht annehmen; Nachr. Leifert Arnfried)
13. Bodamer Jens SPD 627
14. Kolb Heidi SPD 565

Ortschaftsratswahlen 13.06.2004

1 Demmler Kurt* CDU 1708
2 Späth Helmut* CDU 1293
3 Bodamer Jens SPD 1191
4 Tscheulin Roger CDU 1103
5 Müller Ulla FWG 1094

6 Giess Ewald	CDU	994
7 Miez Christa (1)	CDU	992
(Verzicht aus gesundheitl. Gründen Nachrücker Okle Jürgen)		
8 Reichle Simone	CDU	978
9 D`Aloisio Fredi	FWG	781
10 Kiefer Dieter	FWG	767
11 Miez Jörg	FWG	711
12 Reichle Alfred	SPD	655
13 Bargel Ernst	SPD	643
(Nachfolge Dizinger-Ruppert Lore in 2007)		
14 Mollenhauer Marina	SPD	584

Einwohnerstatistik

Jahr	Hauptwohnsitze Dettingen und Wallhausen	Wohnberechtigte* Dettingen und Wallhausen
1800	500	
1850	600	
1939	765	
1945	800	
1950	928	
1960	1250	
1965	1703	
1990	4332	4332
1995	4255	4255
2000	4153	4630
2002	4151	4625
2003	4115	4586
2004	4125	4610
2005	4139	4612

* Haupt- und Nebenwohnsitze

Bei den Zahlen der Jahre 1990 und 1995 sind Zweitwohnsitze wohl noch mitgezählt. Die Einwohnerzahlen scheinen also seit 1990 relativ stabil zu bleiben. Für die Jahre 1800 bis 1965 liegen dem Autor für die Wohnberechtigten keine Zahlen vor.

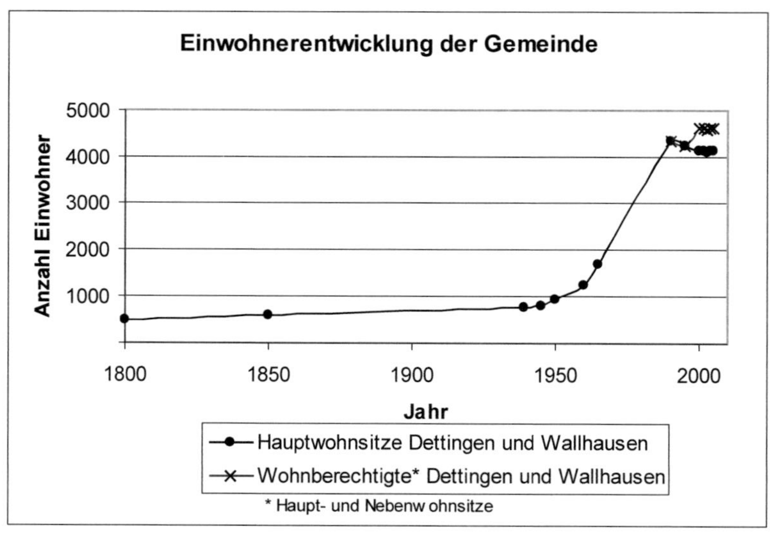

Quellen:

- Gemeindeanzeiger Gemeinde / Ortschaft Dettingen
- Südkurier Medienhaus
- Stadtarchiv Konstanz
- Kreisarchiv Konstanz
- Landtag Baden-Württemberg
- Staatsgerichtshof Baden-Württemberg
- Stadtverwaltung Konstanz
- Ortsverwaltung Dettingen - Wallhausen

Konstanz- und Bodenseeliteratur im Hartung-Gorre Verlag

Eckhardt Friedrich / Dagmar Schmieder (Hg.), **Die Gailinger Juden**, 2010.

Albert Griesmeier, **Gemeinde Dettingen, Bezirksamt Konstanz**. Die Gemeinde im Spiegel früher Gemeindeprotokolle. 1833 – 1888. Ein Beitrag zur Dorfgeschichte (I). 2006 und 2023

Albert Griesmeier, **Gemeinde Dettingen (-Wallhausen). Bezirksamt Konstanz.** Die Gemeinde im Spiegel von Ratsprotokollen, Bezirks-amtsprotokollen, Verlautbarungen im Gemeindeanzeiger. 1889 – 1945. Ein Beitrag zur Dorfgeschichte (II). 2007 und 2023

Albert Griesmeier, **Dettingen – Wallhausen. Stadt Konstanz.** Von der Dorfgemeinde zum Stadtteil. 1945 – 2005. Ein Beitrag zur Dorfgeschichte (III). 2009 und 2023.

Hans Joachim Hildenbrand, **Grabplatten und Epitaphien im Konstanzer Münster**. Kurzfassung. 2019.

Hans Joachim Hildenbrand, **Grabplatten, Epitaphien und Gedenktafeln im Konstanzer Münster**. 2019.

Hans-Dieter Kuhn, **Die Plansprachen Volapük und Esperanto in Konstanz** – Geschichte und lokale Ereignisse. 2010.

Arnulf Moser, **Der Zaun im Kopf**. Zur Geschichte der deutsch-schweizerischen Grenze um Konstanz. 2.Aufl. 2014 .

Arnulf Moser, **Die NAPOLA Reichenau**. Von der Heil- und Pflegeanstalt zur nationalsozialistischen Eliteerziehung (1941 - 1945). 2. Aufl. 2014.

Carola Buchwald, Sonja Klug, Christiane Rudolf, Sabine Rückert, Maria Gaetana Tarallo, Anja Wurz und Dr. Arnulf Moser: **Die Reichenau im Sommer 1945**. Erholung für KZ-Häftlinge aus Dachau. Evakuierung der Einwohner. 2. Aufl. 2015

Arnulf Moser, **Die andere Mainau 1945**. Paradies für befreite KZ-Häftlinge. 2020.

Fritz Ottenheimer, **Wie hat das geschehen können?** Von Konstanz in die USA durch den Krieg und zurück. Jüdische Schicksale 1925-1996. Hg. v. E. R. Wiehn. 1. Aufl. 1996.

Benjamin Nissenbaum & Erhard Roy Wiehn (Hg.), **Zur neuen Synagoge in Konstanz im Kontext der jüdischen Stadtgeschichte** – Festschrift zur Einweihung am 10. November 2019. Grußworte von Ministerpräsident Winfried Kretschmann u.a. 2019.

Leo Picard, **Vom Bodensee nach Erez Israel** – Pionierarbeit für Geologie und Grundwasser seit 1924. 1996, Hg. v. E. R. Wiehn. 2. Aufl. 2021.

Marie-Elisabeth Rehn, **Hugo Schriesheimer –** Ein jüdisches Leben von Konstanz durch das KZ Dachau, das französische Internierungslager Gurs, das Schweizer Asyl und die USA nach Kreuzlingen 1908–1989. Hg. Von E. R. Wiehn. 2011.

Hendrik Riemer, **Der Konstanzer Dichter Wilhelm von Scholz** 1874-1969. Eine biographische Annäherung. 2013.

Hans-Hermann Seiffert, **Johanna Hammel** – Der Weg einer Jüdin aus Konstanz durch Gurs nach Auschwitz 1898–1942. Hg. v. E. R. Wiehn 2011.

Hans-Hermann Seiffert, **The Lost Race against Time during "The Final Solution".** The Emigration of the Jewish Families Guggenheim of Konstanz and Rosenwald of Cologne to Argentina and the USA Fails in 1938-1942. Translated into English by Uta Allers. 2019

Hans-Hermann Seiffert, **In Argentinien gerettet - in Auschwitz ermordet.** Die Schicksale der jüdischen Familien Salomon Guggenheim aus Konstanz und Abraham Guggenheim aus Donaueschingen 1933-1942. Herausgegeben v. Erhard Roy Wiehn. 1. Aufl. 2010

Hans-Hermann Seiffert, **„Meine geliebten Kinder!“**. Die Briefe der Konstanzer Jüdin Hella Schwarzhaupt aus der Internierung in Gurs und Récébédou an ihre Kinder. 2013.

Hans-Hermann Seiffert, **"My Beloved Children!".** Letters of Hella Schwarzhaupt to Her Children from Internment in Camps Gurs and Récébédou. 2015

Wilhelm Speicher, **Besinnliches vom Bodensee.** Gedichte + Skizzen. 2007

Hans Stather, **Die römische Militärpolitik am Hochrhein unter besonderer Berücksichtigung von Konstanz.** 1986[1], 1990[2]

Hans Stather, **Der römische Hegau.** 1992.

Horst Sund (Hg.), **PIONIERE DER UNIVERSITÄT KONSTANZ.** ZEITZEUGEN AUS DEN GRÜNDERJAHREN. 2021

Horst Sund, **STATIONEN AUF DEM WEG ZUM LEUCHTTURM.** Erinnerungen an die ersten 25 Jahre der Universität Konstanz. 2021

Erhard Roy Wiehn, **Novemberpogrom 1938** – Die 'Reichskristallnacht' in den Erinnerungen jüdischer Zeitzeugen der Kehilla Kedoscha Konstanz 50 Jahre da-nach als Dokumentation des Gedenkens. 1988; *Neuausg:* 2008.

Erhard Roy Wiehn (Hg.), **Oktoberdeportation 1940** – Die sogenannte 'Abschie-bung' der badischen und saarpfälzischen Juden in das französische

Internie-rungslager Gurs und andere Vorstationen von Auschwitz 50 Jahre danach zum Gedenken. Mit einer Dokumentation. 1990.

Erhard Roy Wiehn (Hg.), **Camp de Gurs 1940** – Zur Deportation der Juden aus Südwestdeutschland 60 Jahre danach zum Gedenken. 2010.

Erhard Roy Wiehn (Hg.), **Jüdische Gemeinde Kreuzlingen** – 70 Jahre Geschich-te, Erinnerungen, Dokumente 1939–2009. 2009.

Erhard Roy Wiehn (Hg.), **Jüdische Rückblicke auf die deutsch-schweizerische Grenzregion am Bodensee im 20. Jahrhundert** – Gespräche in Israel, Konstanz und Kreuzlingen. 2012.

Erhard Roy Wiehn (Hg.), **Überall nicht zu Hause** – Jüdische Schicksale im 20. Jahrhundert. Gespräche mit Überlebenden in Konstanz. 2012.

Erhard Roy Wiehn, **Jüdisches Leben und Leiden in Konstanz** – 50 Jahre Israeli-tische Kultusgemeinde Konstanz. 2014.

Erhard Roy Wiehn (Hg.), **Nirgends gern gesehen** – Jüdische Schicksale im 20. Jahrhundert. Gespräche mit Überlebenden in Konstanz und in der Schweiz sowie Gertrud Rotschilds Bericht über die Deportation nach Gurs 1940 und Bei-träge von Rabbiner Nathan Peter Levinson 1984/86. 2015.

Erhard Roy Wiehn (Hg.), **Die bittere Not begreifen** – Deutsch-jüdische Deportiertenpost aus südfranzösischen Internierungslagern im Kontext der Hilfsaktion der Jüdischen Gemeinde Kreuzlingen, Thurgau/Schweiz, rund 75 Jahre danach zur Erinnerung 1940–1945. 2016.

Erhard Roy Wiehn (Hg.) **Theodor Herzl – Auf der Insel Mainau**, in Konstantin-opel und in Palästina als Vater der israelischen Diplomatie 1898. Eine Hommage zum 120-jährigen Jubiläum – 70 nach der Gründung des Staates Israel. 2018.

Erhard Roy Wiehn (Hg.), **Ständig in Angst gelebt** – Else Büchler über ihr Leben als Jüdin während der NS-Zeit in Konstanz 1930-1945. 2019.

Erhard Roy Wiehn, **Abschiebung 1940** – Zur Deportation der südwestdeutschen Jüdinnen und Juden nach Gurs und andere französische Internierungslager. 2020.

Erhard Roy Wiehn (Hg.), **Der Schmerz ist geblieben** - Von Warschau durch die Sowjetunion und Amerika nach Deutschland und zurück – Gespräche mit Joseph und Klara Mlawski sowie mit Tochter Marlene Mlawski. 2020.

Erhard Roy Wiehn, **InnenAnsichten der Universität Konstanz.** Erinnerungen, Beobachtungen, Einschätzungen und Mitteilungen 1966–2016. 1. Aufl. 2016

Erhard Roy Wiehn (Hg.), **Jüdische Schicksale von Konstanz.** Ein Lesebuch der Edition Schoáh & Judaica. 2021

Raffael Wieler-Bloch, **Verstrickungen** – Eine Familiensaga aus der Provinz Posen sowie Chemnitz und in der deutsch-schweizerischen Bodenseeregion. Herausgegeben v. Erhard Roy Wiehn. 2008.

Raffael Wieler-Bloch, **Richard Liebermann.** Der gehörlose Porträt- und Landschaftsmaler 1900-1966. Herausgegeben v. Erhard Roy Wiehn. 2010

Σ Hartung-Gorre Verlag, Konstanz.
eMail: verlag@hartung-gorre.de Tel.: +49 (0)7533 97227